ロダンを魅了した幻の大女優

マダム・ハナコ

大野 芳

求龍堂

明治から大正にかけてヨーロッパで熱狂的な人気を博し、
彫刻家ロダンをも魅了した女優マダム・ハナコ。
（岐阜県図書館蔵）

帰国の際に花子が持ち帰った花子像。
オーギュスト・ロダン《死の顔・花子》1907～08年頃、テラコッタ、新潟市美術館蔵

帰国の際に花子が持ち帰った花子像。
オーギュスト・ロダン《空想する女・花子》1907年頃、ブロンズ、新潟市美術館蔵

昭和16（1941）年、晩年の花子73歳。
（岐阜県図書館蔵）

目次

ロダンを魅了した幻の大女優　マダム・ハナコ

プロローグ

〈月日《つきひ》は百代《はくたい》の過客《かかく》にして、行《ゆき》かふ年も又旅人也〉

これはご存じ、芭蕉の『奥の細道』の書きだしである。

明治時代の末、恋にやぶれてヨーロッパに旅立った女がいた。女優となった彼女は、一座を率いて一大センセーションを巻き起こした。明治三十五（一九〇二）年から大正十（一九二一）年までの、約二十年間である。

芸名を「マダム・ハナコ」といった。漢字表記は、「花子」である。

帰国した花子は、二度と舞台に立つことはなかった。そして戦後、その名も消えた。

日ソ共同宣言に調印して日本が国際連合に加盟した年、経済白書が「もはや戦後ではない」と宣言して流行語になった、あの昭和三十一（一九五六）年のころ、ひとりのアメリカ人が、花子探索の「奥の細道」に足を踏み入れようとしていた。

当時、コロンビア大学助教授だったドナルド・キーンである。

〈数年前のことだが、私は英訳日本文学選集のために近代文学の好い作品を探してゐた。古典文学なら、評判が定つてゐるから、選択はそれほどむづかしくないが、近代文学はまだ私たちに近すぎるせゐか、選択に迷ひやすい。その中で一番困つたのは、森鷗外の文学だつた〉（「鷗外の『花子』をめぐつて」、『聲』昭和三十四年第四号、丸善）

この原稿は、キーン自身が日本語で書いたものだ。『聲』の編集当番だった劇作家福田恒存《つねあり》は、「漢字、文法、一つの誤りもなく、最後に（原文のまま）と入れようかと大笑いした」と編集後記に書いたほど、完璧な日本語だった。キーンは、さらに書く。

〈三島由紀夫さんに鷗外の佳作を教へるやうに頼むと、躊躇せずに「百物語」「寒山拾得《かんざんじっとく》」と「花子」の三つの作品をあげて下さつた。（中略）「花子」は鷗外とロダンとの面会の実話に過ぎないと思つたが、或ひは西洋人の読者は日本人がロダンに会つたと云ふ事実を面白がるかも知れないと思つて、仕方がなく、「花子」を訳すことにした〉（「同」）

ヨーロッパ滞在中、花子は、彫刻家オーギュスト・ロダンのモデルになった。それを森鷗外が『花子』という短編小説に仕上げたのである。

キーンと三島由紀夫が初めて会ったのは、昭和二十九（一九五四）年十一月二日であった。ちょうど東京の歌舞伎座で、三島由紀夫作『鰯売恋曳網《いわしうりこいのひきあみ》』が初演される日で、中央公論社社長嶋中鵬二《ほうじ》につれられて歌舞伎座の入口で紹介された。このとき三島は二十九歳、キーンは三十二歳。コロンビア大学で日本の古典文学をテーマに博士号を取得したキーンは、京都大学に留学中であった。そして古典を生かして活躍する現代作家として、三島を紹介された。この対面が、キーンを花子探求の「奥の細道」へと誘《いざな》ったのである。

第一章——花子探索の旅

鷗外の小説『花子』

ドナルド・キーンは、鷗外の小説『花子』をアメリカの出版社に頼まれた日本文学選集に加えようとしていた。原文は、こんな書きだしである。

〈Augusute Rodin は為事場へ出て来た。

広い間一ぱいに朝日が差し込んでゐる。このHôtel Bironといふのは、もと或る富豪の作つた、贅沢《ぜいたく》な建物であるが、つひ此間まで聖心派の尼寺になつてゐた。Faubourg Saint-Germain の娘子供を集めて Sacré-Cœur の尼達が、此間で讃美歌を歌はせてゐたのであらう〉

（『鷗外全集　第七巻』岩波書店、昭和六十二年）

ルビ・註釈もなくこれを通読できたひとは、何人いただろうか。初出は、明治四十三（一九一〇）年の『三田文学』七月号である。たとえ読者に慶応義塾出身者が多かったとはいえ、一般的にはまるでチンプンカンプンである。鷗外の自己顕示が垣間見えて興味深いところだが、女優「花子」にとっては、これから世界的に有名なロダンに紹介され、モデルになるという重要なシーンである。

ロダンは、パリ市内のビロン館を政府から借りて仕事場にしていた。かつてはビロン将軍が住み、のちにサクレ・クール修道会がサン・ジェルマン大通りの娘や子供を集めて賛美歌を歌っていた。そのあと詩人リルケ、ジャン・コクトー、画家アンリ・マティス、舞踊家イサドラ・ダンカンらが共同生活の場にしていた。そこの一階二間をロダンが借りたのは、一九〇八（明治四十一）年のことで、花子が呼ばれたとすれば、借りて二年後のことになる。鷗外の小説によれば、劇場主に話をつけたロダンは、花子を呼びつけたのである。

通訳として、パスツール研究所に留学していた久保田某なる医学士がついてきた。小説は、その久保田の視点で書かれている。

ビロン館の仕事場には、いくつもの半完成品の彫刻が雑然とならんでいる。久保田は、自己紹介をしたあと、花子を紹介した。「接吻」や「考える人」をつくったロダンの手が、花子の小さな手をにぎった。そして頭から足の先まで、領略《りょうりゃく》するような目でみる。

〈久保田の心は一種の羞恥を覚えることを禁じ得なかつた。日本の女としてロダンに紹介するには、も少し立派な女が欲しかつたと思つたのである〉（『花子』）

久保田は、花子を恥ずかしくおもう。ここからは、引用文にルビを入れる。

〈さう思つたのも無理は無い。花子は別品《べっぴん》ではないのである。日本の女優だと云つて、或時《あるとき》忽然《こつぜん》ヨオロツパの都会に現れた。そんな女優が日本にゐたかどうだか、日本人には知つたものはない。久保田も勿論知らないのである。しかもそれが別品ではない。お三どんのやうだと云つては、可哀さうであらう。格別《かくべつ》荒い為事《しごと》をしたことはないと見えて、手足なんぞは荒れてゐない。併《しか》し十七の娘盛《むすめざかり》なのに、小間使《こまづかい》としても少し受け取りにくい姿である。一言《ひとこと》で評すれば、子守《こもり》あがり位《ぐらい》にしか、値踏《ねぶみ》が出来兼《か》ねるのである〉（『同』）

世間話をしたあとロダンは、「着物を脱いでせうか」と久保田に訊く。「兎に角話して見ませう」と、久保田は、ロダンの仕事を説明して説得につとめる。

久保田は、花子がはにかむか、気取るか、文句をいうかとおもった。ところが花子は、「わたしなりますわ」と、気さくに応えてサラリと脱いだのである。

ロダンは、久保田に十五分か二十分、応接室で煙草《たばこ》でも吸って待つようにいう。久保田は、ボードレールやダンテの『神曲』を読んで時間をつぶした。

キーンが小説『花子』を翻訳したのは、昭和三十（一九五五）年ごろであろうか。アメリカで『日本文学選集』が上下巻で出版されるのが昭和三十一（一九五六）年の秋である。しかし、鷗外の『花子』は、収録されなかった。

〈私の選集の原稿が長すぎたので出版社の依頼に応じて折角訳した「花子」を除外した。もう十分に鷗外に敬意を表したと思つたので、別に出版社に反対しなかつた〉（「鷗外の『花子』をめぐって」）

キーンは、西洋人が「日本人がロダンに会った事実を面白がるかもしれない」とおもって、

「仕方なく」訳したのである。ところが、それから何年かして、〈突然アメリカの西南部のアリゾナ州に住んでゐるシエルイと云ふフランスの老人から手紙が届いた。五十年ほど前にロダンの秘書をした人で、自分の回想録を書いてをり、ロダンが嘗《かつ》て彫つた花子と云ふ日本の女優について知りたがつてゐた〉（「同」）

そこでキーンは、抽斗《ひきだし》の底に眠らせていた英訳した「花子」を送ったのである。

ルネ・シェルイからの手紙

元ロダンの秘書だったルネ・シェルイ老人からキーン宛に返事がきた。

ビロン館には書籍の類は一冊もなく、また喫煙をきらったロダンが久保田に煙草を勧めるようなことはありえない、というのである。

「やっぱりこれは、ルポルタージュではなかったのか」

さらに述べられるシェルイ老人の証言に、キーンは〈小説や花子と云ふ人物に興味が湧いた〉（「鴎外の『花子』をめぐって」）のである。

老人の手紙は、「光の舞踊家」として鳴らしたロイ・フラーから、そのロイ・フラーが売り出した川上貞奴《さだやっこ》一座に触れて、花子におよんでいた。花子がフラーにつれられて、日本人男性を伴ってムードンのロダン邸に現れたのは、一九〇七（明治四十）年のころだったという。

　老人の手紙は、さらにこうつづく。

〈「食事中、会話は云ふまでもなく皆無でした。花子もその男性も、フランス語も英語も一つも分からなかつたから、フラー女史だけが時時《ときどき》物を云ひました。彼女は二人の日本人を連れてロダンのムオドンのアトリエを訪れてゐたのです」〉（「同」）

　ここでキーンは、ロイ・フラーの「回想録」（注）をもとに貞奴一座との関わりを書いたあと、花子との出会いにおよぶのである。フラーは、

〈ロンドンで別の日本人の劇団を見つけた。花子はその仲間であつて端役《はやく》をしてゐた。フラー女史は花子の「綺麗な、上品な、優雅な、奇妙な個性」に引かれて、稽古を見てから役者たちを集めて、「もし私の援助が欲しければ、私の云ふことを聞かなければ駄目です。そしてこの人（花子を指して）を花形にしないと成功しません。」と告げた〉（「同」）

　フラーが花子の名前を尋ねたところ、あまり長くて覚えられなかったところから、芸名を「花子」としたという。フラーはさらに、こんなこともした。

〈花子の役を大切にするため、自分で日本人が出てくる芝居を書き直して、花子の切腹の場面を加へた。花子の死に方は有名になつた〉（「同」）

　キーンの記述をつづける。

〈花子は巴里《パリ》での成功後帰朝するつもりであつたらしいが、誰か卑しい日本人に騙《だま》されて、ベルギーのアントワープの女郎屋に入れられた。(大正十(一九二一)年頃、シエルイ氏がこの話をフラー女史から聞いたとき、大層驚いた。「日本の芸者が要るほどアントワープに日本人の乗組員が多いことを夢にも知りませんでした。」) 花子はフラー女史に哀願の手紙を書いて、お金や洋服を貰つてから巴里へ逃げた〉(「同」)

そして――、

〈今度はフラー女史は花子のために「受難者(心中だて)」と云ふ悲劇を書いて大変な人気を博した〉(「同」)

この人気をひっさげてニューヨークに乗り込み、大成功を収める。キーンは、一九〇七(明治四十)年十月八日付の英字新聞をもとに、その人気ぶりを紹介し、地方新聞の酷評も併せて紹介しているが、総じて花子は、ニューヨークっ子を引きつけた、というのである。

パリに凱旋した花子一座は、ベルリンでも人気を博した。

〈次はウィーンへ行き、伯林《ベルリン》よりも評判が好くて、総ての役者は花子の芝居を見に行つた。花子は日本のDuse《デューゼ》と云はれ、本物のDuseが花子に感心した。

しかし、花子の芸術は例の切腹の場面に限られてゐたやうである。フラー女史作の芝居の他に舞台の経験が殆んどなかつたから、幅の広い芸術を見せる筈はなかつた〉（「同」）

ここに登場するエレオノラ・デューゼは、デュマ、イプセン、ヴェルガの作品を世界中の舞台で演じて名声を博した、イタリアの大女優である。そのような大女優が花子の舞台を見て「感心した」と、フラーの「回想録」か、シェルイ老人の手紙にあったのであろう。キーンは、その出典を明記しなかったが、ヨーロッパの役者のあいだで噂《うわさ》にのぼっていたことが察せられる。

〈ロダンが英国に渡つたとき、花子も行つて、大正三、四年にロンドンの舞台に出た。それ以後の花子はどうなつたか、私には今調べる余裕がない。或ひはまだヨーロッパに住んでゐるかも知れない〉（「同」）

と、キーンは、花子の消息を伝える。ところが、意外な展開が待っていた。

（注『Fifteen Years of a Dancer's Life』by LOIE FULLER, Published by Small Maynard & co. Boston, 1913）

花子・貞奴は日本の恥か

日本の一部知識人は、ヨーロッパで活躍する花子の存在を知っていた。

鷗外が小説『花子』のなかで、久保田医学士の口を借りて「そんな女優が日本にゐたかどうだか」と、表現していたが、もうひとり、鷗外がやり玉にあげた女優がいた。ロイ・フラーの「回想録」にも登場する、川上貞奴である。

日本の女優第一号といわれた貞奴は、伊藤博文ら政府要人に贔屓《ひいき》された美貌の芸者であった。ところが「オッペケペ節」で政治批判をする演歌師であり、自由民権運動家でもあった川上音二郎と結婚して舞台女優に転じた。明治三十三（一九〇〇）年から翌年にかけたヨーロッパ巡業で大当たりした川上一座は、フランス政府から芸術文化勲章を授与され、作家のアンドレ・ジッドや作曲家ドビュッシー、画家ピカソらと交遊した。

日本に凱旋した彼女は、興行師となった音二郎とともに大阪の北浜に洋風の帝国座を創設して女優の養成所を併設した。その貞奴が、明治四十三（一九一〇）年四月、ロンドンで開催される日英博覧会に、日本を代表する芸能人として選ばれた。この外務省による人選に異論を唱えたのが鷗外だった。

〈大いに真面目でやつて貰《もら》ひたいね。西洋では貞奴を日本のえらい役者と思つて居るのだからね。貞奴より劣つた花子といふやうなものや、（中略）他にもまだ幾らもある。又批評の書物で見ると、貞奴が非常に賞讃されるのみならず、花子でさへ表情が猛烈で宜《い》いと言はれて居る〉（森林太郎「評家としての意見」月刊『歌舞伎』明治四十二年九月号）

当時、小説、外国の戯曲の翻訳、劇評、美術評論を書く文化人としてもトップの座にいた軍医総監森鷗外は、貞奴を切ったペンで花子をも両断したのである。

英国版紳士録『Who's Who』の海外芸能人の部には、団十郎、川上音二郎、貞奴、左団次、花子の五人が紹介されていた。にもかかわらず鷗外は、貞奴を日本の女優として認めないのである。いっぽうの花子については、このあとすぐに小説『花子』を書いている。

花子は、人気の絶頂にいた。

その前年の夏、チェコの避暑地カールスバートの舞台を務めていた花子は、オーストリア・ハンガリー帝国皇帝フランツ・ヨーゼフ一世の天覧の栄に浴し、花束まで贈られていた。地元の新聞はもちろんとして、ウィーンやベルリンでも報道された。ベルリンでは、花子人気にあやかった煙草《たばこ》会社が巻煙草「ハナコ」を発売。ウィーンでは、ベネディクト派修道院発祥の最高級リキュール酒「ベネディクティン」に「マダム・ハナコ」と命名して、色刷りの花子像をラベルに貼って売り出したのである。

このヨーロッパ中を席捲《せっけん》した人気ぶりを、鷗外はどのようにして知ったか。

ドナルド・キーンは、こう書いている。

〈小説を書いた動機は、明治四十三年六月に巴里で大久保栄が病死したと聞いたことにあらう。大久保は客分と云つた形で鷗外の家に住み、家族同様であつた若い医者であつたが、鷗外のやうに文学にも深い興味を持つてゐて、翻訳も創作もあつた。大久保はロダンを訪ねたかも知れない。或ひは花子とフラー女史と一緒にロダンの家でお昼を食べた日本人から、ロダンのことを聞いたかも知れない〉（「鷗外の『花子』をめぐって」）

小説『花子』に「久保田」の名前で登場する大久保栄なる医学士の存在は、キーンの文章だけだが、鷗外の執筆動機が彼だとすれば、猛烈なスピードで書いたにちがいない。四百字づめの原稿用紙十七枚ほどの短編だから不可能ではないが、情報を得たのは、それ以前のことだ。「久保田栄」なる人物が介在する余地は、まったくないといえる。

明治の半ばにドイツ留学した鷗外と花子との接点は、まったくない。しかし外国の新聞や雑誌を取り寄せて講読していた鷗外は、花子がロダンのモデルになっていることを知っていたのだ。そしてグラビア写真でみた「子守りあがり位しか値踏みできない」花子を、臆せず裸になる〝はすっぱ〟な女として描いた。これが当時の、エリート知識人の認識だったのであろう。

花子の人気に恥ずかしいおもいをした、もうひとりの知識人がいる。

東京帝大英文科をでたあと小説家・劇作家になった小山内《おさない》薫である。

小山内がヨーロッパへ観劇の旅に出たのは、鷗外の『花子』執筆から二年後の大正元（一九一二）年十二月中旬であった。彼もまた、ロシア社交界における貞奴と花子の人気に当惑させられ、哀れにも〝穴があったら入りたいおもい〟になるのである。

西洋に学べ

洋行帰りの歌舞伎俳優・二代目市川左団次と組んで自由劇場を結成し、西洋演劇を模倣していた小山内薫は、鷗外訳のイプセン作『ジョン・ガブリエル・ボルクマン』や、小山内自身が訳したゴーリキー作『どん底』を『夜の宿』と改題して舞台に乗せていた。いずれもロシア現代劇の翻案である。

小山内が手本とする劇場は、モスクワにあった。舞台監督と俳優を兼ねたロシア演劇界の巨匠コンスタンチン・スタニスラフスキーが座長をつとめるモスクワ芸術座である。

大正元(一九一二)年十二月二十七日、シベリア鉄道でモスクワに到着した小山内は、投宿したホテル・メトロポールから毎晩、モスクワ芸術座に通いつめた。イプセン、オストロフスキー、ツルゲーネフなどの作品を片っ端から観た彼は、芝居がはねたあと、スタニスラフスキー宛に、自らが共同主宰する自由劇場の演目冊子に添えた手紙を、劇場の窓口に託した。

〈演劇を熱愛する日本の一青年があなたの劇場を見るのを主な目的にして遥々《はるばる》遠い旅をして来たといふ程な簡単な手紙を届けた〉(小山内薫『北欧旅日記』春陽堂、大正六年)

返事は、その夜のうちにあった。小山内が劇場からホテルに帰り着く前に、秘書らしい女性が届けにきたという。スタニスラフスキーの名刺を添えた便箋には、フランス語でつぎのように書かれていた。

〈「コンスタン・スタニスラウスキイ氏は明後日の晩、芝居がはねてから、吾々の流儀《りゅうぎ》で、あなたと一緒に新年を迎へる光栄に浴したいと言つてをられます。どうか当夜十二時頃氏の宅までお運び下さいまし《ママ》」〉（『同』）

ロシア歴の元旦は、太陽暦の一月十三日である。大晦日《おおみそか》に集まって新年を迎えようという真夜中の招待である。つまり、小山内が手紙を託したのは、大正二（一九一三）年一月十日ということになる。

大晦日の深夜、小山内は、小雪の舞う市街地を馬橇《ばそり》に乗ってスタニスラフスキー邸に駆けつけた。

俳優、脚本家、舞台芸術監督、チェーホフ未亡人オリガ・クニッペル、舞台で見た男優、女優らが続々と集まる宴は、西洋かぶれした小山内を興奮させた。ついに夢にまで見たスタニスラフスキーの登場で、沸点に達する。

〈Papa, Papa《パァパ パァパ》! といふ令息《れいそく》の声が何処かでするかと思ふと、食堂の方から房々《ふさふさ》とした頭の毛の真つ白な、髭《ひげ》のない、目の小さい、日本人にありさうな顔をした、大兵《たいひょう》な紳士が勢よく這入《はい》つて来ました。私はもう舞台の上で幾度《いくど》となく見てゐるので、直《す》ぐそれがスタニスラウスキイ氏だといふ事が分かりました。日本にゐる時から殆《ほとん》ど崇拝に近い尊敬をしてゐたスタニスラウスキイ氏、ここへ来てその芸術を見てから一層尊敬の度を増したスタニスラウスキイ氏、名前を聞くだけでも、inspiration《インスピレーション》を感ずるやうなスタニスラウスキイ氏、そのスタニスラウスキイ氏自身が今まざ〴〵と私の目の前に現れたのです、私は実際夢か現実か分からなくなりました〉(『同』)

わざと原文通りにルビをふってみたが、横文字を無造作につかうところは、鷗外と一緒である。スタニスラフスキーは、両腕をひろげて抱きつかんばかりに小山内のところにやってきた。小山内は、大きなスタニスラフスキーの手を両手でにぎった。

深夜十二時の時計が鳴ると、参会者全員が食堂に移動した。壁に掛けたイコンにむかって立ち、祈りをささげたあと胸に十字を切り、それぞれがロシア式の接吻をする。小山内は、こうした伝統の儀式にさえ感動するのである。

いよいよ前菜と酒がでて宴会になった。小山内は、気後れしつつ英語とドイツ語で、それもおぼつかない会話だったが、どうにか意思だけは疎通できた。

客間にもどると、だれかがピアノを弾きだした。ダンスを踊るものもいれば、談笑するものもいる。ムラートワというベテラン女優が小山内に話しかけてきた。

〈ムウラトワ夫人はふとSada Yacco《サダヤッコ》の事を言ひ出しました。「あの人はTemperament《テンペラメント》を沢山に待つてゐますね。実に立派なものです。私も一度一緒に芝居がしたいと思つてゐますが、余り向《むこ》うのなりが小さいから駄目ですね。」〉(『同』)

テンペラメントというのは、感情豊かな才能とでも訳すのであろう。貞奴がヨーロッパに一大センセーションを巻き起こして十一年が経っていた。

貞奴と共演したかったというベテラン女優に、小山内が訊いた。

「貞奴をどこでご覧になりましたか?」

「モスクワ、ペテルブルク、ほかでも見たわ」

〈私はムウラトワ夫人のやうな立派な女優がどうして日本の女優などに感心したのか、その理由を知るに苦しみます〉(『同』)

スタニスラフスキーがやってきて、ふたりの会話に割り込んだ。

「ぼくは、まだ貞奴を見たことはないんだが、実際はどうなんだね」

〈私は丁度ムウラトワ夫人の何処かへ立つてゐないのを幸に、〝Sie ist kein Künstler!〟《シイ イスト カイン キユンストラア》(「あれは、芸術なんていう代物《しろもの》ではありませんよ!」)と稍《やや》過激な調子で言ひました。併《しか》し、私はスタニスラウスキイ氏に、〝Warum?〟《ワルウム》(「なぜ?」)と聞かれて、もう一言も返事をする勇気が出なくなりました。私共にとつてこの問題に〝Warum?〟《ワルウム》はないのです〉(『同』)

「なんと!? では、花子はどうかね」と、スタニスラフスキーが訊いた。

花子は、三度目となるロシア巡業にでていた。黒海沿岸の港町オデッサからウクライナのキエフを巡って、二日後にはモスクワへやってくる。過去二回のロシア公演は札止めの大盛況だったが、今回の一幕物劇場《ミニアチューラ》も一ヶ月間のロングランが予定され、切符の売れ行きも上々だった。ところが、哀れにも小山内は、

〈私はもうゐても立つてもゐられません。私は日本中の恥を一人で背負つて立つたやうな気がしました。私は真赤《まっか》になりました。「そんな人の名は日本で聞いた事もありません。」私は冷汗《ひやあせ》をかきながら、やつとこれだけ言ひました〉(『同』)

おやっ、どこかで聞いた台詞《せりふ》である。

鷗外の『花子』に登場する久保田医学士は、「そんな女優が日本にゐたかどうだか、日本人には知つたものはない」と言った。鷗外が久保田にいわせたのである。

明治四十五(一九一二)年六月、ビロン館にロダンを訪ねた歌人與謝野寛と晶子は、

〈僕が森鷗外先生が曾《かつ》て翁《おう》を主人公とした小説を書かれた事を告げたら、翁は鷗外先生の経歴を問ひ、然《そ》うして先生の筆に上《のぼ》つた事を喜んで其《その》一本を見たいと云はれたので、僕は日本から取寄せて捧呈することを約した。公爵夫人は翁の製作に上《のぼ》つた日本女優花子の噂をした〉

(與謝野寛 與謝野晶子『巴里より』金尾文淵堂、大正三年)

公爵夫人とは、ロダンにつきまとっていたショワズール公爵の夫人である。與謝野夫妻は、公爵夫人が話題にした「日本女優」について、興味深く書いている。それを小山内は、「聞いたこともない」と、恥じて斬り捨てたのだ。

鷗外と小山内は、翻訳者と演出家というだけの関係ではなかった。若くして亡くなった小山内の父建《たけし》は、軍医時代の鷗外の大先輩だった。東京帝大在学中から鷗外に可愛がられた小山内は、舞台演出に関わり、詩や小説を書くようになった。大学卒業後、材木商の資金援助で『新思潮』を発刊。その総合文芸雑誌は、一年で廃刊。第二次『新思潮』は、東大の学生による同人誌となり、谷崎潤一郎、芥川龍之介らを輩出することになる。

明治四十四(一九一一)年、銀座日吉町(現在の銀座八丁目)に「カフェ・プランタン」が誕生した。画家松山省三らが中心となって開店したこの洋風のカフェは、パリの社交場を真似たものだが、店の命名から看板まで書いたのが、小山内薫だった。最初は会員制をとり、森鷗外、永井荷風、北原白秋、谷崎潤一郎らが加わった。鷗外が見出した荷風はすでに作家となり、その荷風が認めた谷崎は作家になったばかりのころである。

この自由な雰囲気をもったサロンには、評論や小説、絵画などのハイカラな批評が飛び交っていた。鷗外の小説『花子』も、当然に話題になったに違いない。そこで小山内は、鷗外が久保田医学士に語らせた言葉を、スタニスラフスキーに流用したのであろう。

小山内ら「文化人」にとっては、芸者あがりの旅役者が日本を代表する女優とは、国辱ものであり、「芸術」たり得るものではないのである。

週刊新潮の告知板

ドナルド・キーンは、毎年、夏休みを京都ですごしていた。

〈私は日本に戻つてから、花子のことを演劇の専門家に尋ねたが、誰も知らなかつた。捨鉢になつて、「週刊新潮」の掲示板に広告を発表したら、不思議にも成功した。岐阜に住んでゐる太田さんの他に、花子のことを相当書いた慶応義塾の中村精氏などから返事があつて、花子の謎が解かれた。花子は昭和二十年四月二日に丹毒で亡くなつてゐる〉(ドナルド・キーン「花子後《ご》日譚《じつたん》」、『聲』昭和三十五年第六号、丸善)

中村精の「ロダンの花子」(月刊『日曜日』、昭和二十六年十二月号、雄鶏社《おんどりしや》)については、いずれ触れる機会もあろう。優先させたいのは、キーンの岐阜訪問である。

キーンが『週刊新潮』の掲示板に告知したのは、昭和三十四(一九五九)年七月二十七日号であった。文面は、以下である。

〈**ドナルド・キーン**　50年ほど前に、欧米の舞台で見事な成功をおさめた『花子』という日本の女優の現在の消息が知りたいのです。日本の舞台を踏んだことがないようですから、森鷗外の作品などでは「いわゆる日本の女優福原花子」として取り扱われています。鷗外の短編『花子』の主人公であるうえ、ロダンの彫刻のモデルにもなりましたので、いろいろおもしろい昔話を語れるでしょう。もし生きていたらぜひ会いたいと思うのですが。（米・コロンビア大学助教授・日本文学専攻）〉（『週刊新潮』掲示板）

当時、発行月日を発売日の二週間まえに設定した週刊誌は、発売日の前日に全国の書店や売店に配本された。つまり七月十三日には、一般読者の目に触れていたはずである。

岐阜市に住む太田英雄は、創刊以来『週刊新潮』の定期購読者だった。たまたま同誌の掲示板を見た彼は、すぐさま編集部宛に手紙を書いた。

〈母（花子、本名＝太田ひさ）は昭和20年4月2日、岐阜の実家で幸福な一生を終わりました。……あなたのお所をお知らせください。太田英雄〉（『週刊新潮』昭和三十四年八月三日号）

英雄は、花子の次弟角次郎の長男であり、花子の継養子であった。この年五十七歳。元は銀行員だったが、復員後は定職がなく、岐阜市内の会社で経理のような仕事をしていた。妻かな子とのあいだに生まれた一人娘の正子が昭和二十八（一九五三）年に澤田助太郎と結婚したのを機に、岐阜市美江寺町の娘夫婦が暮らす家に同居していた。やがてこの助太郎が花子の事蹟を追うようになるのだが――。

ドンルド・キーンが太田英雄に返信を書いたのは、昭和三十四(一九五九)年七月二十四日である。

〈拝啓　御親切なお手紙を頂きまして、誠に有難うございました。

私は森鷗外の小説を読んでから「花子」のことに興味を持ち出しまして、今年の四月ごろニューヨーク市立図書館でいろいろ調べました。しかし、いくら日本人の友達に聞いても、花子の実蹟(特に大正三年ごろ以後のこと)を知る方法はなかったようでした。ですからお手紙を拝見したとき、大変嬉《うれ》しくなりました〉(澤田助太郎『ロダンと花子』、中日出版社、平成元年)

そして「私は明後日の夜行で東京へ行きますが、八月三日に京都へ帰るつもりです。もしご都合がよろしければ、その日の午後三時ごろお伺いしたいと思います」と書いた。

告知から二十日後に、キーンは花子の遺族と対面する機会を得たわけである。

太田英雄の娘婿《むすめむこ》澤田助太郎は、花子の次妹はまの孫であった。つまり助太郎と正子は、又《また》従兄弟《いとこ》という関係にある。名古屋高等商業学校(通称「名高商《めいこうしょう》」。現名古屋大学経済学部)をでた助太郎は、母校岐阜高校(澤田の在籍は旧制岐阜中学)の英語教師をしていた。

ヨーロッパから帰国した花子は、三妹たかをが経営する岐阜市内西園町の置屋《おきや》「新駒」の庭に離れを建てて余生をすごした。八畳二間の隠居所である。置屋の仕事には、いっさい口出ししなかった。その隠居所に、東京から記者や画家、マンガ家、あるときは詩人で彫刻家の

花子（右端）の養子英雄と孫の正子（中央の父子）。
（岐阜県図書館蔵）

高村光太郎などが訪ねてきたが、家族は、花子の海外における活躍をほとんど知らなかった。花子も、語らなかった。

「私が十歳になるまでの花子は、よーく存じておりますが、ヨーロッパに行っていたということぐらいで、なにをどうしたという話はいっさい聞いていません。戦時中のことですから、そんな話をしたらとんでもないことになりましたからね」(正子談)

昭和九(一九三四)年十二月に生まれた正子は、未熟児だった。四歳になる長女を亡くしたショックで母かな子は、妊娠八ヶ月で正子を早産したあと寝込んでしまった。保育器のなかった時代である。それを丹精こめて育てたのが花子だった。

置屋「新駒」は、大東亜戦争が勃発したあと自然消滅となり、座敷を陸軍将校に貸していた。つまりヨーロッパの話題が軍部に漏れる最も危険な環境にあったのである。

そして花子は、昭和二十(一九四五)年四月二日、死去。七十七歳だった。

同年七月九日深夜、大空襲に見舞われた岐阜市は、焼け野が原となった。「新駒」の建物も花子の隠居所も仏壇の位牌までもが、すべて灰塵《かいじん》と化したのである。

ただし、花子が没した直後に、英雄の妻かな子が疎開させた花子の遺品がいくらか残った。遺族にとって数少ない形見だったが、説明のつかない写真や手紙が多かった。つまり太田家には、ジグソーパズルの断片を組み立てられるものが、ひとりもいなかった。

英雄は、それら断片を見せようとおもいながらキーンの来訪を待つのである。

昭和三十四(一九五九)年八月三日がやってきた。

東京駅九時発の特急「つばめ」に乗ったキーンは、午後二時十九分に到着した。

岐阜駅は、戦後の間に合わせに建てた粗末な駅舎だった。

キーンが木柵《もくさく》の改札口に現れた。

迎え出たのは、澤田助太郎と正子だった。ふたりは、キーンの姿を見ておどろいた。

「コロンビア大学の助教授ときいていましたので、アメリカの一流大学でしょう、背広をきちんと着てネクタイをしめた紳士を想像していたんです。それがよれたズボンに開襟シャツというスタイルでしたからびっくりしましたよ」

のちに岐阜女子大学教授となる澤田助太郎がいった。正子もおなじだった。

「乗客のなかでも、いちばん汚らしいかっこうでした」と、正子。

特急に乗るような客ともなれば、日本人の服装も立派になっていたのであろう。経済白書が「もう戦後ではない」と宣言して三年を経ていた。

「お待たせいたしました。わざわざお出迎えいただきまして」と、キーンの日本語があまりにも上手だったので、ふたりは二度びっくりした。

駅前に停めた自家用車で長良川ちかくの自宅に案内した。家には、英雄とかな子が待っていた。近所の油商の娘だったかな子は、晩年の花子の面倒をみてきたが、これもまた花子の過去をまったく知らなかった。

キーンの鞄《かばん》には、七月一日に発行されたばかりの季刊同人誌『聲』（第四号）が入っていた。それが家族にとっては、想像を超える〝玉手箱〟であった。

肉親が驚く花子の過去

澤田家（太田家）は、仕出し屋から料理を取り寄せてドナルド・キーンを歓待した。そして談笑するうちに、花子の過去が現像液に浸した印画紙のように姿を現しはじめた。キーンの語る内容は、凜として、いつも和服を着つけていた花子の秘められた過去だった。

英雄は義母の、助太郎は大伯母の姿を別世界の〝映画〟を見るおもいで聞いた。

英雄が語れるのは、花子の帰国後の暮らしぶりであった。

「高村光太郎さんなんかもおいでになって、礼状をもらいました。これですが」と、巻紙の手紙を見せる。

「（彫刻があったころは）彫刻を箱からだして、丁寧に包むのは大変でした。近所に火事があったりしますと、家族は大童《おおわらわ》で疎開させせなければなりませんでした」とも説明する。

疎開してあったスクラップ・ブックは、日本で報道された花子に関する新聞記事ばかりだった。キーンは、昭和十五（一九四〇）年六月十五日付『名古屋新聞』岐阜県版の記事に目をとめた。

「さすがドイツは強い　語る人　今は老いにし　ロダン花子さん」

第二次欧州大戦がはじまって九ヶ月が経ち、ドイツはついにパリに入城してヨーロッパ全土を制圧しそうな勢いだった。そこで花子が記者に求められたコメントが、これである。

キーンは、大東亜戦争勃発と同時に、日本語翻訳班員として従軍経験があった。そんなことから、この記事に関心を持ったのであろう。のちにこのコメントは、第一次欧州大戦に巻き込まれた花子の体験がオーバーラップしてくるはずである。

一枚の写真、一片の新聞記事が、それぞれの想像を掻き立てた。

「十八ヶ国の言葉で書かれた劇評がありましたが、空襲で焼けてしまいました。あれがあったら、もっと詳しくわかったのでしょうが」

と、英雄が残念がった。しかし、かな子と正子は、現実的なことを考えていた。

「先生に持ってってもらう手土産、なんにしたらええかねえ」

キーンを近くにして、かな子が小声で正子に相談する。

「先生は、近松門左衛門を読まっせるような人だもんだで、私らぁの日本語なんか、わかるにぃ。ひそひそ話でも聞こえとるでいかんにぃ」

正子がたしなめると、母も声をあげて笑う。ふたりの男はあきれて睨みつけ、キーンは苦笑いをするほかなかった。

その夜、キーンは澤田の家に泊まった。

翌日、澤田夫婦の案内で金華山山頂の岐阜城を訪れ、麓の料理屋で昼食をとったキーンは、さわやかな風を残して京都へ去った。

〈岐阜の駅で太田さんの家族と別れる時、目に涙が溜つた〉（ドナルド・キーン「花子後日譚」）

「花子後日譚」が季刊同人誌『聲』に発表されたのは、翌昭和三十五（一九六〇）年冬の第六号である。

〈私の机の上に花子の写真が二枚ある。一枚は五十年ほど前にロンドンで撮つたものである。花子は日本式に坐つて、右の手にきやしやな紅茶茶碗を優雅な手ぶりで捧げ、左の手で薄い皿を器用な指先で支へてゐる。（中略）

もう一枚の写真は岐阜の自宅で撮つたもので、七十歳を越した花子は三人の和服姿の紳士と並んで、ロダンの彫つた自分の二つの首の後に坐つてゐる。首の一つは明治四十年ごろの花子の顔にそつくりだと花子自身がよく語つたといふ首で、もう一つは激しく苦悩する「死の首」である。ロダンは舞台の花子の「腹切り」の場面に感激して、死の瞬間の恐しさを捕《ママ》へよう《ママ》としたものである〉（同）

日本に送られてきた花子のサイン入り写真。
（岐阜県図書館蔵）

日本に持ち帰った2つの花子像を前にした花子。
（ぎふ「ロダン＆花子」の会蔵）

太田英雄は、二枚の写真をキーンに贈ったのである。

キーンはこのあと、ロンドンの「ヴィクトリア&アルバート博物館」を訪れ、明治三十八(一九〇五)年ごろのプログラムなどが蒐集《しゅうしゅう》されていたことを報告。また後日、パリを訪れる機会があった彼は、ロダン美術館に花子関連の資料を見せてもらうよう交渉した。満足な協力こそ得られなかったが、ヨーロッパ中に花子の足跡が刻まれていることを知った。

第二章——花子の生い立ち

素封《そほう》家の長女に誕生

愛知県中島《なかしま》郡祖父《そぶえ》江村上祖父江（現一宮市）の地主太田八左衛門は、農業のほかに織物業を営み、名古屋市内に出店をもつ素封家であった。

木曽川下流沿いにあるこのあたりは、宝暦《ほうれき》の治水《ちすい》（注）で誕生した新田地帯である。尾張、美濃、伊勢から移入した地主は、七町歩（約八万㎡）から十町歩を領して手代・小作人を使った。冬の仕事として綿織物を兼業する地主が多かった。不作の年に備えた不況対策である。これが昭和期になって一宮市を一大毛織物産業の都市に成長させるのだが、まだ幕末期は綿布の時代である。太田家も、そんな一軒の大百姓であった。

慶応三（一八六七）年十二月十五日、八左衛門の三女うめは、同じ郡内中牧村の豪農水野久蔵の三男八右衛門を婿にむかえた。翌年四月十五日、長女ひさ（以後「花子」に統一する）が生まれた。入籍が遅れたか、それともほかにわけがあったのか。入籍から四ヶ月後に母となったうめは、満年齢の十九歳であった。

花子には、いくつかの「聞き書き」が残っている。そのひとつ「芸者で洋行し女優で帰る迄の廿年」（『新日本』大正六年新年号。以下「聞き書き（1）」とする）によれば、

〈私の産《うま》れた一年後に直《す》ぐ妹が出来ましたので、私は新しく来た乳母《うば》の手に渡されましたが、此の乳母と父とあらぬ浮名《うきな》が立ちましたので、祖父の裁断《さばき》で乳母に懐《なつ》いて居た私は乳母と諸《もろ》共《とも》に名古屋の店の方へ往《い》くやうになりました〉

このとき生まれたすぐ下の妹はまが、澤田助太郎の祖母である。

噂になった乳母だけをクビにすれば良いものを、祖父八左衞門は、乳母に花子をつけて名古屋にだしたのである。はまの誕生が明治三（一八七〇）年のことだから、うめの出産直後に別居させられたのであろう。出店は、名古屋の中心地にある南鍛冶屋町。現在の松坂屋本店から東南へ五、六百メートル行ったあたりである。

隣家に酒井粂吉《くめきち》という青物屋が住んでいた。子宝に恵まれなかった酒井夫婦は、花子をわが子のように可愛がり、花子もなついて寝泊まりするようになった。

太田家には、明治五（一八七二）年に長男民三郎が誕生したが、早逝した。

花子は、五歳から踊りの稽古に出、しばらくして八雲琴《やくもごと》や三味線を始めた。芸事が好きだった父八右衛門の趣味であろう。やがて下の娘たちにも習わせる。

明治八（一八七五）年七月、次男角次郎が誕生したころ、花子は近くの久屋《ひさや》小学校に通っていた。

明治十（一八七七）年九月に三女たねが誕生したのを機に、粂吉夫婦が花子を養女に迎えたいと言いだした。うめはどうやら多産系らしかった。つごう三男五女にめぐまれる。

〈実家にはもう二人の妹が出来て居たので、とう〳〵青物屋夫婦は貰児《もらいご》にしたいやうに実家に申込んだのでした。

親達も私の懐《な》つきやうを見もし、青物屋夫婦が御百度《おひゃくど》踏んで頼むので、気の毒に思つて、年に一度は必ず三四日泊り懸《が》けで里回《さとがえ》りさすことの約束をさせて承知したのでした〉（「聞き書き（1）」）

父八右衛門は、花子が十五になるまでは養育費を支払い、年に一枚の絹物と木綿の衣装を送り、婿をとるときには夜具をあつらえる約束をした。父は、どちらが頼んだのかわからないような条件を、養父に提示したのである。ここで乳母は、いらなくなる。

ところが酒井粂吉は、相撲道楽だった。名古屋に相撲が懸《か》かると商売を投げだし、贔屓の力士を五、六人寝泊まりさせて大宴会。化粧回しやお仕着《しき》せまでも大盤振る舞いした。ついに借金の山をこしらえた粂吉は、家族を捨てて出奔。養母と花子は、路地裏の小さな家に引っ越した。花子は、養母の素性には触れなかったが、どうやら水商売あがりのようである。働こうともしない養母は、花子の実家に金をせびるようになった。

〈度《たび》を重《かさ》ねて無心《むしん》を云はねばならぬので養母《はは》の凋《しお》れ回《かえ》つた姿も覚えてますが、又養母が私を金《かね》の蔓《つる》のやうに思つて貪慾な眼を光らしたとも覚えて居ます〉（「同」）

おさない花子の目にも、養母の魂胆が見えていたのである。

数軒さきに、中村光吉という旅芝居の一座の座長が住んでいた。「光吉」という男の名前を

花子の家族。前列左より花子、母うめ、妹たね、さく。
後列左より弟角次郎、鍈太郎、妹たかを、はま。
（ぎふ「ロダン＆花子」の会蔵）

芸名にした女座長である。十人ほどの芸人をひきつれ、舞台道具をつんだ荷車を曳《ひ》いて名古屋の近在から美濃、飛騨といった田舎を巡業していた。

あるとき座長が、「子役が足りないから花子を貸してほしい」と、養母に頼んだ。当時の子役は、日当十銭であった。なにがしかのお金になると知った養母は、ふたつ返事で承諾した。花子は、尋常小学校の二年生、八歳のときである。

（注・宝暦四～五〔一七五四～五五〕年に幕府が薩摩藩に命じた木曽・長良・揖斐の三川の治水工事。工事は困難を極めて予算を上回り総奉行となった薩摩の家老平田靱負《ゆきえ》以下薩摩藩士五十一名が自害、三十三名が病死。約三百ケ村に新田をもたらした。殉職の二名を加えて八十八名の霊が岐阜県海津町の治水神社に祀られている）

芸者屋に売られる

中村光吉一座に加えられた花子は、

〈美濃路、信濃路、其《そ》れから木曽川の縁《へり》の町々をうつて、飛騨の嶮《け》はしい山路《やまみち》を穿き馴《はな》れぬ後懸《あとが》けの草履《ぞうり》の紐《ひも》を結んで、うそ寒い時雨日《しぐれび》を手を曳《ひ》かれて昇つた時の小児心《こどもこころ》の悲哀《かなし》さを今でも判明《はっきり》と胸に覚えて居ます〉（「聞き書き（1）」）

巡業が終わって尋常小学校に戻ったのが、一年後である。

ある夕刻、噂を聞きつけた八右衛門が花子を連れ戻しにきた。

いきなり入ってはとおもった八右衛門が板戸の節穴から薄暗いなかを覗くと、養母は串にさしたウナギの蒲焼きを箸でむしりとり、花子のごはんのうえに乗せていた。虐待されているのではないらしいと知った八右衛門は、静かに戸を開けた。

〈実父《ちち》の顔を久振りで見た私の心、もう御飯所《ごはんどころ》ではありません。茶碗を投出して欷歔《しゃくり》上《あ》げました。養母は一存で女役者に売込んだのでなくて、私自身が嗜好《すき》であつたやうに云はせやうとしましたが、其《そ》の夜実父《ちち》と一つ床に眠つた私は、実父に何も恬《か》も打明けましたので、実父は其の翌日、私が久屋町の学校へ往く途中を攫《さら》つて村へ連れて帰つて了《しま》ひました〉（「同」）

「まあ、この子が芝居が好きで好きで、仕方なく行かせたんですよ」

と、養母はもみ手でもして弁解したのであろう。養母の前で否定できなかった花子は、寝静まってから「ちがう」と訴えたのである。そして事情を覚った八右衛門は、養母の目が届かなくなる登校時を狙ったのである。

実家に連れ戻すと、養母が仲介者を立てて泣き脅して元の小さな家に納まる。そしてこんどは、養母も監視役として一座に加わり、京阪から紀州、播磨《はりま》地方を巡って名古屋に帰りついたときには、十二歳になっていた。

実家の手代が来て連れ帰ると、十日ほど実家で過ごしているうちに養母が迎えにきた。

八右衛門は、これを拒むことができなかった。また母うめも、なんら抵抗もしていないのである。そのわけを、養母は承知しているかのようであったが、花子は、うめに対して恨みごとをひと言も残さなかったどころか、一途に孝養をつくすのである。

そのうちに養母が花子を芸者屋に売り飛ばそうとした。泣いて抵抗する花子を、養母はひどく叩いた。泣き叫ぶ声を聞いた隣家の大工の女房がとびだしてきて、「どうしやぁしたの」とでも声をかけたのであろう。

〈大工の内儀《かみ》さんの仲裁で、舞妓《まいこ》には嫌だが役者ならばと云ふことで母との折合《おりあ》ひはつき、学校へも通はして呉《くれ》るやうになつて枇杷島《びわじま》の小供芝居の一座へ這入《はい》りました〉（「同」）

当時、子供だけの劇団があり、これが村々を巡れば木戸銭が稼げた。毎日声がかかるわけではなかったので、花子は南鍛冶屋町の家から通ったのであろう。現在ならば小学校六年生に相当する少女の足で、ゆうに二時間はかかったはずである。

子供一座の踊りの女師匠は、やさしい人だった。その師匠になついた花子は、枇杷島へ行くのが楽しくなった。また、いくばくかのお金で養母の機嫌をとることもできた。

そんなあるとき、師匠が仕事を辞めて伊勢の実家に戻るという。養母から逃げたい一心だった花子は、旬日をへずしてあとを追った。

名古屋から伊勢まで、およそ百キロあまりの距離がある。たとえ旅慣れた花子とはいえ、一日で歩ける距離ではない。師匠を慕う心は、母を求めるように千里の道も遠くなかった。空腹をかかえて野宿もしたであろう。それを師匠は、涙ながらに温かく迎え入れてくれたにちがいない。それも長くは続かなかった。養母が迎えにきたからである。そして、

〈とう／＼養母の為めに名古屋の新地の桝屋と云ふ家に舞妓に売られて了ひました〉（同）

養母は、うむをいわせず売り飛ばしたのである。

名古屋の新地は、大須観音の北東にある大光院西側あたりである。そこは「北野新地」と呼ぶ、待合、芸者屋、料理屋の三業地帯。隣接して遊郭もあり、子供が足を踏み入れる場所ではなかった。そこの「枡屋」という置屋に売られたのである。

〈福松と云ふ芸の達者な姉芸者が居まして、此の人に可愛がられて芸事を仕込まれ、十六歳の五月にはもう一人前の芸者になりました。其の頃は実家の方も不幸続きでもう私に構つて居られなかつたのです〉（同）

花子は、「実家は不幸続き」としか語らなかった。

道ならぬ恋路の末に結婚

紅灯《こうとう》の巷《ちまた》は、昼となく夜となく三味線の音が流れて、男と女の色恋沙汰にさんざめいてい

た。騙し騙されの世界にどっぷりつかった花子も、いつのまにか四年の月日が経っていた。そして二十歳のときである。

贔屓にしてくれた若主人を恋するようになった。おもい込んだら、とことん行き着くところまで行ってしまわないと我慢がならなかったのであろうか。

〈其れとは別れねばならぬ浮世の義理の柵《しがらみ》に搦《から》められて同じ県の中の知多県《ママ》（町の誤り）の横須賀と云ふ処の狭斜巷《いろまち》（色町）へ住替《すみか》へせねばならぬようになりました〉（「聞き書き（1）」）

置屋を追われるほどだから、相当に派手な恋愛事件をひき起こしたにちがいない。

名古屋の南に隣接する横須賀（現東海市）は、藩政時代には尾張藩の代官所が置かれた古い町だが、大須観音あたりの繁華街と較べると、まさしく都落ちであった。

さいわいにも、移ってすぐに羽振りの良い中年男が贔屓にしてくれた。

〈仮に名を小泉竹次郎と申して置きませう〉（「同」）とはいうが、本名は小豆島《あずしま》貞之助という築《ちっ》港《こう》の土木請負業者である。座敷に呼ばれて話すうちに相手も真剣になってきた。見栄《みば》えはしないが、金回りは良さそうである。ちなみに花子は、〝めんくい〟であった。

「ものは相談だが、ワシの女房になってくれんか」

とでもいったのであろうか。花子は、〈其の人に引かさるゝことになりました〉（「同」）とだけしか語っていない。男は、二十も上だというから、四十歳前後である。先妻に子供が三人いると聞かされても、さほど気にもならなかった。紅灯の巷から抜けだせるものならば、相手はだれでも良かったに違いない。

〈世の中は想ふ様に往かぬと思ふと自暴自棄《やけ》も手伝ふて、然《そ》うした憂身《うきみ》の中で得る危い恋で心を引立《ひきたて》ると云ふやうな心持も味ひました〉(「同」)

自棄も手伝って身請けに応じたのである。父八右衛門は、養家に金を払って縁を切り、小豆島貞之助に入籍した。花子は、小豆島の仕事の関係で浜松、静岡、清水と、港の工事現場を転々とした。そんなある日、田舎回りの役者の甘言にのせられた花子は、小豆島のもとを出奔した。ところがその役者に逃げられて、遊びほうけた借金だけが残った。

〈小泉(小豆島)さんは私と二十歳も年齢《とし》が違ふので、何も恁《か》も粋《すい》を通して叱言《こごと》も云はず役者と二人で遊んだ金に窮《こま》つて無心を云つてやると渡して呉《くれ》る大量《たいりょう》さに、今度は此方《こちら》が愧《はずか》しくなつて、とう〳〵其の小泉さんと十年連添《つれそ》ふことゝなつたのです〉(「同」)

小豆島は、仕事の面では着実に実績をつんでいた。

明治二十三(一八九〇)年、大阪の築港工事を請け負った小豆島は、内務省の雇いとなり、道《どう》頓堀《とんぼり》北詰《きたづめ》に家をかまえた。ほどなくして、先妻のあいだに生まれた長男と次男が同居するようになった。長男の年齢は花子に近かったというから、十七、八歳であろう。

そのころ上祖父江の実家は、不幸つづきだった。アメリカ帰りの従兄弟が事業に失敗し、連帯保証をしていた父八右衛門は、田畑を手放した。追い打ちをかけたのが、明治二十四(一八九一)年十月二十八日朝に襲った濃尾大地震だった。マグニチュード八の烈震にすべての建物が倒壊し、ついに名古屋の出店を娯楽浴場(現在のスーパー銭湯のようなものか)に作り替えて転居。これ以降、実家は没落の一途をたどることになる。

〈その頃です　突然小包郵便が家へ届くやうに八歳になる児《こ》が家へ届きました。其れはやはり小泉(小豆島)さんが先妻に産ました児で、今迄は幼稚《ちいさ》い故《ゆえ》真実《じつ》の母親の下《もと》に居たのが送られて来たのでした。白雲頭《しらくもあたま》に襤褸《ぼろ》の衣物《きもの》、身体は虱《しらみ》の巣のやうでした〉(「同」)

見るも無惨な児童が「届いた」といふのだから、母親が近くまで送って届けたのであろう。花子は、憐憫をもよおすどころか、実の母親をふくめて嫌悪するのである。

〈突然顕《あら》はれて来た此の小児《こども》の為めに何《ど》の位《くら》ゐ泣きましたらう。手癖が悪くて盗みはする。学校からは下げられる。奉公にやれば追出されると云ふ始末〉(「同」)

花子が三十ちかくになったころ、小豆島の一家は仕事の都合で京都のど真ん中に移った。花子は、小豆島を心から愛せなかった。大酒を呑んで酔うと、花子に三味線を弾かせて端唄を歌う。こんなことで私の一生は終わってしまうのだろうか。

〈「此の人は金で私の身体を身受けはしたが、心を身受けして呉《くれ》ない。私はもの足りない。生き足りない」

這麼《こんな》思ひが朝夕に心の中に湧き上つて来出《きだ》しました。其れのみならず私となさぬ中の長男とは幾歳《いくつ》も年齢《とし》は違はないのです。其の長男が思つても慄然《ぞっ》とするやうな眼で私を凝視《みまも》つているのに遭遇《でつく》はすことが度々あるんです。（中略）

生甲斐ない生命《いのち》を淵川《ふちかわ》へ身を投げやうと思つたこともありました程でしたが、思案の末はとう〳〵其の家《うち》を逃げ出すことになりました〉（「同」）

〈「私は仮にも親だ。畜生ぢやない」〉（「同」）というから、二十七、八になる長男は、性の対象として花子を見たのである。

花子は、名古屋の実家に帰った。しばらくして質屋の若旦那が迎えにきた。

「まあ、戻らんといってちょ」と、花子は父に頼んだであろう。

「イヤというて聞かんもんだでなも。ここは離縁ということで……」と、太田八右衛門。

「そうどすけど、小豆島はんはええ人やし。子供抱えてどないもならしまへん。困っておられるのん見るの、つろうおます。考えなおしてくれはらしまへんやろか」

八右衛門にしてみれば、身請けしてもらったうえになに不自由なく暮らしているのを、どうして別れるのか、と花子に非がありそうなおもいがあった。三十三にもなる花子が出戻ったとて、ふたたび良縁にめぐまれるとはかぎらない。

若旦那の説得に八右衛門が折れ、ひとまず花子は、京都にもどる。

この若旦那が好い男だった。花子は、ひと目惚れしたようである。

〈其《そ》れで一旦は又京都へ帰りましたが、やっぱり居堪《いたま》らずに名古屋へ又逃げ戻つて了《しま》ひました。しかし此の名古屋へ再度目《にどめ》の落延《おちの》びの時には、私の心の中には恋しい人の影が映つて居りましたのです〉（「同」）

どこでどう間違ったか、相手の男は質屋の若旦那であった。若旦那も、その気があった。

またも京都につれ戻された花子は、

〈大胆にも小泉（小豆島）さんに心中を打明けました。其の時は殺されやうと、刃物で突かれやうと、首を絞められやうとまゝと云つた心持《こころもち》になつて居ました〉（「同」）

小豆島は、涙を流しながらふたりを赦す。但し、彼にも条件があった。

「町なかでひょっこり顔を合わすような近場にゃあ、住まねぇでほしい」

というわけで、ふたりは汽車に揺られて横浜に落ち延びるのである。

小豆島に申し訳ないとおもったのは、八右衛門だった。このあと花子の従妹《いとこ》で出戻ってきていた娘を、小豆島に娶《めあわ》せた。これがうまくいったのだから、縁は異なものである。花子が「聞き書き（1）」に「小泉」という仮名をつかったのは、雑誌記者の取材をうけたころ小豆島とむすばれた従妹が存命だったからである。

明治三十四（一九〇一）年七月十七日、小豆島貞之助は、花子との協議離婚を届けでた。その二日後に、花子の従妹との再婚届けをだしている。

第三章——花子ヨーロッパへ

未練を残しながら

花子は、生涯に一度の大恋愛だと信じた。将来への不安など微塵もなかった。横浜に向かう汽車のなかで、花子と質屋の若旦那は、商人とおもわれる夫婦に出会った。その奥方は、地理に不案内な花子たちを交通の便利な関内《かんない》に連れて行った。そのとき花子は、三味線を抱いていたのかもしれない。五歳のころから手放したことがなかった。花子たちは、安宿の二階を借りた。

若旦那が職をみつけ、真面目に働いてくれれば、ちゃんとした家を構える。だれにも邪魔されない、甘い日々がつづいた。ところが若旦那は、生来のなまけもので一向に働こうとしなかった。そのうちに持って出たお金も底を突きかけた。

若旦那は、京都の実家に連絡先を教えたらしかった。あるとき、若旦那に手紙がきた。「ウチへ帰って、金もろうて来るわ」と、若旦那は京都へ帰ってしまった。

〈一人取残《とりのこ》さるゝ私は奈何《ど》うしたならばいゝのでせう。実の父親母親をも怒らした私は今更《いまさら》何《ど》の顔下げて名古屋へ帰られませう。ひとり横浜の宿屋の二階で、直ぐ来るからと云つて帰つた質屋の若旦那の待てども待てども来ない便りを待つて居る時に〉(「聞き書き(1)」)

吉報がはいった。汽車のなかで出会った夫婦の奥方からだった。

「デンマークのコペンハーゲンというところで小さな博覧会があるんだけど、そこで日本の催し物をするらしいの。いろんな職業のひとが行くけど、日本の音楽や踊りのできるひとが五人ほど要るらしいの。だれか行ってくれるひとは、いないかしら」

と、彼女はいった。

花子の研究家である資延《すけのぶ》勲の『ロダンと花子　ヨーロッパを翔けた日本人女優の知られざる生涯』（文芸社、平成十七年。以下『資延版』とする）によれば、

〈ウィルガアドは、日本で買い集めた書画骨董を持ち帰り、人出の多い動物園に陳列し、人寄せのための余興として日本で雇った芸人に手品や軽業、芸妓の手踊りなどをやらせた〉

という。この洋行話がもちあがったのは、いつのことか。

花子が渡欧した時期は、永年、詳《つまび》らかにされてこなかった。花子の「聞き書き（1）」には、おおよその内容しか語られていないからである。

それを突き止めたのが、資延勲である。資延もまた、ドナルド・キーンに同じく「奥の細道」に踏み込んだひとりである。

外交史料館所蔵の『海外渡航関係雑件』第四巻によれば、デンマーク人ゼー・ウィルガードなる人物は、明治三十五（一九〇二）年三月二十五日に神奈川県庁へ、芸人、撃剣《げっけん》士、相撲業（力

士）、絵師、彫刻師、扇製造業、手品師、大神楽師《だいかぐら》、鵜遣師《うやり》（鵜匠）、通訳、料理人、運搬人など総勢二十六名のパスポートを申請。二十一名に発給され、花子の名前もある。力士森勝次郎なる男は花子と同郷の中島郡萩原町出身だが、シコ名を何といったのだろうか。

書類を調える日時から逆算して、遅くとも一月半ばにはもちかけられたことになる。

〈若旦那の善《よ》い便りが来ないと為《な》れば、生恥《いきはじ》を曝《さ》らさねばならない身には、此の報知《しらせ》は救助《すく》ひの神様の声です〉（「聞き書き（1）」）

滞在三ヶ月の契約を結んだ段階で、なにがしかの支度金が手わたされる。花子は、ふたつ返事で名乗りを挙げた。芸者は五名が査証を申請して、三人しか発給されなかった。

気になるのは、若旦那である。待てど暮らせど返事がなかった。

明治三十五（一九〇二）年五月三十一日、花子ら一行は、ドイツ船「プロイセン号」に乗って横浜港を出航することになった。花子は、神戸寄港の予定を知らせる手紙を若旦那に書いた。

〈船が神戸へ到着《つ》いた時も、他の人達が上陸しても私は或《あるい》はと思つて船に残つて待つて居ましたが、質屋の若旦那は来て呉《くれ》ませんでした。寂しい旅路よ、海山《うみやま》四千里の行方《ゆくえ》よ〉（「同」）

神戸停泊は、正味三日である。終日、花子はデッキに立って若旦那を待った。

六月四日午前十一時、出航のドラが鳴った。ついに若旦那は、現れなかった。

花子三十四歳、失意の旅立ちであった。しかし花子は、

〈若し此の時に此の質屋の若旦那が居られなかつたなら、私は欧羅巴《ヨーロッパ》の天地も知らねば世界の潤《ひろ》いことも、事業は足の到る所に心懸け一つで立派に組立てられて、富を得らるれば、名誉も得らるゝやうになると云ふことも知らずに、暗い、寂しい、日本の女の萎縮《いじ》けた心で、世を果敢《はかな》み〳〵ながらも日本の田舎の何処《どこか》で三味弾く女に終つて居たかも知れません〉（「同」）

と、プラス思考で受け止めるのである。

やったるでぇ

長笛一声、五色のテープを引きずりながら岸壁を離れた「プロイセン号」は、上海、香港、シンガポール、ペナン、スエズ運河をぬけてエジプトのポートサイドに寄港した。

ここからは地中海である。

〈大勢の日本の人達の中に交つて、心を紛《まぎ》らす為めに強《し》ひて強《つよ》いことを云つて浮々と過ぎ〉（「聞き書き（1）」）

やがてフランスのマルセイユ港に到着。

花子たちは、汽車に乗り換えてコペンハーゲンへと向かう。

車窓から眺めるヨーロッパの風景は、美しく見えた。

「よしっ。ここならば辛抱できる」と、勇気が湧いてきた。

コペンハーゲンの動物園には、小さな日本村がしつらえてあった。撃剣師や相撲、曲芸の大道芸が客寄せとなり、やがて舞台では歌舞、音曲がはじまるという寸法である。鵜匠というのも、ウィルガードには奇異に見えたのかもしれない。

〈花子さんの舞台は「越後獅子《えちごじし》」や「潮汲《しおくみ》」などの歌舞伎舞踊が評判を呼びました。「越後獅子」は得意の「角兵衛獅子」のなかの「晒女《さらしめ》」を演じています。

この曲は、大勢で調子を合わせて布を川の水で漂白する布さらしの手仕事のさまを採り入れ三味線化したもので、弾き手の技量で腕の限りに存分に弾きまくる即興性の強い、いわゆる曲弾きです。

振りは、弾き手のリズムに乗って、一本歯の高下駄を履いて白く長い布をパッパッとしごきながら舞台狭しと縦横《じゅうおう》に踊りまくるという、相当の気力と体力を必要とする歌舞伎舞踊の大業で、女役者が満足に踊り切るには至難の技です〉(『資延版』)

この曲芸のような踊りに、会場は大いに沸いた。

舞台がはねると、花子は、興行師ウィルガードの知人たちに招待された。ところが残るふたりの芸者はいやがり、はやく日本に帰りたがった。こうした姿を見ると、花子も里心がつかないわけではなかった。

三ヶ月の興行は、好評のうちに幕を閉じた。雇われた日本人たちは、ベルギーのアントワープ港から帰国の途についたが、花子は踏みとどまった。

〈偖《さ》て帰つてからが奈何《どう》する。僅《わず》かばかりの金を懐中《ふところ》にしたとて何《どう》となるものでもないと何か其の地に残つて居て為《す》る仕事を心懸けもし、工夫もして居ました〉（「聞き書き（1）」）

アントワープは、日本郵船の終航地として多くの日本人が住み、領事館もあった。女ひとりだけならば、日本人相手の商売でも充分に食ってゆける。花子は、日本人の歌舞団をこしらえてヨーロッパの劇場にうって出る計画を立てた。

ウィルガードの友人たちに話したところ「面白い」といい、「きっと成功する」ともいってくれた。なによりも博覧会で、あれほどの人気をかちえたのである。良い仲間さえ集まれば、やれないはずはない。

〈一心の矢は石をも射通《いとお》すものと念じ〉（「同」）

と、ある意味では楽観的だが、現実的にはまったくの手探りである。外国語のできるマネージャーがいなければ、交渉のしようもなかったからである。

花子の手許には、六、七ヶ月は遊んで暮らせるお金があった。ひとまず部屋を借り、日本料理店「畑中」を連絡先にしてチャンスを待っていると――。

〈年は一千八百〇五年（明治三十八年）となりました。図《と》ある日の夕暮でした〉（「同」）

と、花子は語っているが、これは記憶ちがいである。

その前年の明治三十七（一九〇四）年である。おそらく二月末から四月半ばにかけてのことであろう。畑中の家にふたりの客が花子を訪ねてきた。ひとりは山口という鼻眼鏡をかけた長身の男。もうひとりは、ドイツ人の老興行師であった。老興行師の名前は、わからない。ドイツの頭文字をとって、仮に「興行師D」としておこう。

山口なる男がいうには、

「あなた、舞台にでてくれませんか。演劇をするんです。ドイツのデュッセルドルフという場所で。博覧会の余興に手品師の天一《てんいち》一座が出演するはずでしたが、看板の天勝《てんかつ》さんが盲腸炎で入院してしまいましたので……」

松旭斎《しょうきょくさい》天一は、日本一の奇術師である。天勝は、その愛人だった。

山口は、さらに言葉をついだ。

「急遽《きゅうきょ》、代わりとしてロンドンで日本の芸人を集めまして演芸団を組織しましたが、一座のなかに女がおりません。ドイツ人との混血がいますが、日本語の台詞《せりふ》がいえなくて男優たちがぶつぶついって、幕が開けられなくて困っているんです」と。

天一一座八名がアメリカに発ったのは、明治三十四（一九〇一）年七月だった。興行は大当たりしてアメリカ人の興行師がついて二年の契約をした。契約が満了したところで、同じ興行師がヨーロッパ興行を計画。ところが天一があまりにも愛人の天勝を贔屓するために、嫌気がさした座員が「行かない」といいだした。残ったのは、天勝だけだった。

天一と天勝は、パリの一流劇場「カジノ・ド・パリ」に出演。それが明治三十七(一九〇四)年一月だった。その天勝が入院したのである。入院の事情は、もう少し込み入っていた。〈かつ(天勝)は子宮外妊娠で倒れたことがある。外国の契約はきびしくて、その時天一は休演分の違約金を払った。

舞台人の歓喜に包まれていたかつは、生身の女の人生の重苦しさに突き当り、深刻に考えた末、パリの病院で不妊の手術をした〉(丸川賀世子『奇術師誕生』新潮社、昭和五十九年)

これでは、舞台をつとめられるわけがなかった。ちなみに花子との交渉に当たったのは、天一一座の通訳山口肇である。

さて、「デュッセルドルフ美術・工芸・庭園の国際博覧会」は、五月一日から十月二十三日までの半年間の長丁場であった。二千六百平方メートルの会場には日本館が建ち、着物姿の日本人女性が茶室や座敷でもてなす。近くを流れるライン川に屋形船を浮かべ、船頭が舟を漕いで川遊びを楽しむ。夜は、庭園に張り巡らした提灯に灯りがともり、「日本の日」には花火を打ちあげる浮世絵のような趣向だった。

待つこと半年ばかり。はやくもチャンスが巡ってきたのだ。

「よろしかったら、今夜にでも出発したいんですが」と、山口がいう。

話は、わるくない。しかし——と、花子は、領事諸井六郎をおもいついた。諸井は、英語、フランス語、そしてドイツ語の読み書きができ、花子とは昵懇《じっこん》の仲だった。

「なにぶんにも女の一人旅でございますから、その内容を領事さんに仰ってください。もし領事さんが行けと仰《おっしゃ》れば、どこへでもまいります。明日の朝、同行いたしましょう」

と、その場は引き取ってもらった。

花子は、ふたりが帰ったあと、すぐさま領事館に諸井を訪ねた。

在アンヴェルス（アントワープ）帝国領事館・領事諸井六郎は、財界の超大物渋沢栄一の親戚だった。彼は、帝国大学法科大学を卒業して外交官試験をうけたとき、遅刻しながらも合格したという秀才だった。官僚臭のない性格のせいか、外交の表舞台での活躍はなかったが、裏方として政治家の評価は高かった。

諸井は、かねて花子が歌舞団の結成を願っていたのを知っていた。

「こんな話が舞い込みまして……」と、花子がことの次第を説明すると、

「うん、確かにデュッセルドルフでは大博覧会が行われる。外務省も、相当金をだして日本館をつくるはずだ。しかし、話の筋がなぁ。確かかどうか、明日の朝、ドイツ人の興行師を家のほうに寄こしなさい。契約書を子細に見てやろう」

諸井は、心やすく引き受けてくれた。

翌朝、花子は、興行師Dと山口を伴って出勤前の諸井の官舎を訪ねた。

諸井は、契約の内容を日本語に訳して声をだして読んでくれた。

「いいじゃないか」と花子にいい、興行師Dには、二、三質問してくれた。

「それじゃあ、これに署名してよろしいんですね」と、花子は念を押す。

「ああ、いいとも。もし先方が契約違反をしたり、むりな内容を押しつけたりしたら、いつでも私のところに手紙をよこしなさい。これを持って行きなさい」

諸井は、宛先に自分の名前を書いた領事館の封筒をもたせてくれた。

三人は、その足で大聖堂のような完成まぢかのアントワープ中央駅にいそいだ。

この年二月八日、日本とロシアは、戦端を開いた。奇しくもこれが、花子人気を後押しすることになる。

女優デビュー

デュッセルドルフ市は、詩人ハイネ生誕の地である。

このライン川畔にひらけた経済都市と日本は、幕末期から交流があった。オランダの庇護のもと、ドイツ人ルイス・クニフラーが長崎出島に貿易会社を設立したのを嚆矢《こうし》とする。とはいえ、花子が訪れた時代になっても、日本を旅行したドイツ人は、ほとんどいなかった。しかし同市には、十五年ほどまえに「日本素人愛好協会」なる団体が誕生してドイツ人が日本の芝居を演じていた。

今回の博覧会は、メイン会場となるクンストパラスト博物館。その真ん前の広場に日本村はあった。花子たちが出演する舞台は、博物館の並びである。

花子は、すぐに稽古に入った。通訳は、山口という男に代わって役者を兼ねる吉川馨になった。のちに花子の夫となる彼は、アメリカの大学で学び、英仏独の三ヶ国語が喋《しゃべ》れた。

〈一座は男優と混血児《あいのこ》の女優と私とを交へて十六人でした。出演物《だしもの》は確か武士道と題したもので、浪人衆が廓《くるわ》で喧嘩しての挙句《あげく》の刃傷《にんじょう》で、些《ちょ》つと鞘当《さやあて》のやうな場があつて、其《そ》れから切腹の場もありました。仲々の人気で御客はいつも充満《いっぱい》でした〉（「聞き書き（1）」）

日露戦争がたけなわのころであり、日本に寄せる関心が高まっていた。それにメイン会場では、和服姿の女性がお茶をだすサービスがあって、否応なく盛り上がった。また屋形船、花火、そして提灯と、日本情緒たっぷりの光景が絵葉書にして売られたのである。

五ヶ月の会期終了とともに契約が切れた。興行師Dは、契約を一ヶ年に延長してドイツ国内からヨーロッパ各地を巡業したいという。

〈誰が否《いな》やを申しませう、一座は高価な給金で抱へられて新しく独逸《ドイツ》国内の巡業の途《と》に上《のぼ》りました。

独逸国内の何処《どこ》を奈何《ど》う歩きましたらう。私は今確《いましか》とは覚えません。折柄《おりから》日露戦争中の事とて、日本人は何処何地《どこ》へ往《い》きましても、大評判、大人気、何処《いずこ》の劇場も破《わ》れんばかりの大入《おおいり》を取りました。其れを見て吾々は心の中に慾念《よくねん》が湧《わ》き上りました〉（「同」）

花子たちは、毎日、大金をかぞえる興行師の後姿をみた。

「これは、独立したら儲かるぞ」と、おもいはみな同じだった。

一座を仕切っていたのは、「原田」という役者だった。名前のほうは伝わっていない。

独立するには舞台衣装から大道具、小道具のいっさいをそろえなければならない。これを日本に注文するには、二千五百円ぐらいかかると見積もった。

「よしっ、積み立てをやろう」となった。

当時、小学校教員の月給が二十五円という時代である。花子は、週給四十円をとっていた。座員の有志八名が週二十円、月額にして八十円を出し合うことにした。ちなみに松旭斎天一一座がアメリカ人興行師とむすんだ契約では、一座の週給一万二千ドル、月額四万八千ドルである。一ドル二円の時代だから、天一一座は八名で月額九万八千円。ひとり頭にすれば、一万二千円あまりを稼いでいた。もちろん天一は、ほとんどを独り占めしたが、計算上はそうなる。それに較べたら花子たちは、スズメの涙にひとしかった。それでも、目標とした二千五百円の積み立てが達成できたのである。

〈其処《そこ》で一座の中で日本の劇壇の人と知合つて居る人に向つて積立金を送り、大略《あらまし》見込を立てた芸題《げいだい》の日本の衣装、道具を送つて貰ふことにして〉（「同」）

一座の巡業は、トルコのコンスタンティノーブル（イスタンブール）に達した。

花子は、途中の地名を語っていないが、デュッセルドルフからコンスタンティノーブルまで直線距離にして一千二百キロ、地方都市をジグザグに巡れば、三倍の距離にはなろう。

花子は、ギャラのほとんどを手許に残した。

英国でみごとに失敗

興行師Dとの契約は、コンスタンティノーブルで切れた。正確な日付は不明だが、デュッセルドルフ博覧会初日を契約発効日と設定すれば、明治三十八（一九〇五）年四月末日であろう。日本人気は、うなぎのぼりだった。

興行師Dは、さらに一ヶ年の契約延長を申し入れた。日本に注文した芝居道具がロンドンに到着しているころだった花子たちは、更新しなかった。

ロンドンの南東にあるサザンプトン市に一軒家を借りた花子たちは、一座に「新山座《あらやまざ》」と名前をつけ、新しい台本で稽古しながら、目の前に金貨が山と積まれる光景を夢想した。いままで、一夜たりとも不入りの興行はなかったからである。

旗揚げは、港湾都市ブリストル市にした。無名の一座でも、地方都市ならば客が呼べる。興行師Dから学んだ知恵である。

彼らは、歩合を条件に劇場を借りて手打ち興行をした。リバプール、バーミンガム、マンチェスターと、巡業する先々で相当の客入りがあった。地元紙が前宣伝や劇評を載せてくれたりして人気も上々だったところが、劇場との歩分けのたびに損をする。それに十六人ぶんの宿泊代から馬車代、舞台道具の輸送費もバカにならなかった。

〈ヨウク《ママ》市に到着して約束の劇場で演ずる時は各自に折角貯蓄した金は誰《だれ》も彼《か》も空《くう》となつて了《しま》ひました。そんな酷《ひど》い境界《きょうがい》を見物の人達は知るやうはなく、楽屋の中はいつも花束の花の薫りで満ちて居ながら、零落《おちぶ》れたやうな空腹で、其の花の香を嗅がねばならない始末。俳優《やくしゃ》衆《しゅう》は顔を見合わしては吐息《といき》なのでした〉（「聞き書き（1）」）

そのヨーク市庁の参事官夫人が主催するパーティーに招待されたときのことだった。

「明日は、わたくしの家にご招待させていただくわ。ぜひおいで下さいましな」

と、陸軍少将の未亡人が満座の席で名乗りをあげた。

贔屓筋から声がかかれば、人気の一座が歩いて行くわけにはいかない。馬車を頼めばお金がかかる。そんな馬車代にも事欠く始末だった。進退きわまった花子は、

〈往きたいは山々《やまやま》ですが、其の方の家は郊外なのでそれには馬車代が嵩《かさ》むのです。断はれば其の方を侮辱するも同様なのは英国の慿《こ》うした交際社会の習慣で、其の方は列座の中で顔を真赤《まっか》になさらねばならないのです〉（「同」）

「ご招待は、ほんとうにありがたいのですが……」と、辞退した。吉川馨がためらいながら通訳をする。陸軍少将の未亡人は、「聞き違いかしら」といった表情で、

「ほんと？」と、小声で訊き返えした。

「ほんとうなの」と、花子は吉川を励まして通訳させた。

花子は、うな垂れて凝視する目の前の果物皿がおぼろげにみえた。

「まぁ」と、少将未亡人がつかつかと参事官夫人のもとに歩み寄ると、立ち上がった貴夫人たちが部屋の隅に集まった。

「もうダメだわ」と、よろめく足をふみしめて帰ろうとする花子を、

「まあまあ、お待ちくださいましな」と、少将未亡人が呼び止める。

差し出された銀の皿には、紙幣や金貨が盛られていた。

〈其のうれしさ。幾度《いくたび》も辞退しましたが御聴《おきき》入《い》れにならず頂戴して、飢えた一座を賑はした

ばかりか、貴夫人達の御忠告に従って興行の方法を変更することになり〉（「同」）貴夫人たちは、「喜劇が好きな英国人には、悲劇はダメね」と助言したり、「私の空き家を使ったらいいわ」と、宿舎を提供してくれたりした。

演出を変更するために、座員のひとりがロンドンから友人を呼び寄せた。英国人を妻にした「音さん」という軽業師である。興行師としても英国では顔が売れていた。

喜劇仕立てにした舞台は、ヨーク市周辺の町で大当たりした。

〈お金も御蔭で各自《てんで》の懐へ這入《はい》って来るやうになりました〉（「同」）

貴夫人たちに見送られて英国北部を回った花子たちを、さらにビッグ・ニュースが待ち受けていた。

運命の興行師ロイ・フラー

日露戦争に勝った日本人は、同盟国のイギリス人を熱狂させた。その勢いに乗った新山座は、「音さん」の仕込みでサヴォイ劇場の舞台に立つことになった。

ホテルに併設された千三百席からなるその劇場は、ロンドンでも超一流の格式をもっていた。日本でいえば、のちの帝国劇場である。旗揚げからなんと五ヶ月後の快挙であった。

明治三十八（一九〇五）年十月二日月曜日、いよいよ初日を迎えた。

じつは、この記録がロンドンの国立「ヴィクトリア＆アルバート博物館」に保存されている。発見したのは、花子の孫正子と結婚した澤田助太郎である。キーンにつられて「奥の細道」に踏み込んだ彼は、手紙でプログラム類を取り寄せたのである。

呼び物は、夜八時五十分開演の「召使いは見た」という英国人による喜劇。その前座として「ハラキリ」が午後八時十五分に開演する。出演は、「新山座と日本人芸術団」とある。

出し物は、近松門左衛門の人形浄瑠璃「出世景清《しゅっせかげきよ》」を一幕三場にした超縮尺版。台詞はすべて日本語だが、観客には英語で書いた筋書きが配られる——。

源平合戦に勝利した源頼朝は、鎌倉に幕府をひらく。仇討ちを誓った平景清《たいらのかげきよ》は、変装して鎌倉に潜入。景清の家臣友忠は、主人を追って鎌倉に向かうが、うしろから芸者の阿古屋《あこや》（花子）と景清の妻朝御前《あさごぜん》がひそかについてくる。

鎌倉方に見つかった景清は、切り抜けてとある家に遁《のが》れた。そこには友忠、阿古屋、朝御前の三人が身を隠していた。

頼朝の家臣岩永は、景清を追いつめたが見つからない。あきらめて戻ろうとしたとき、阿古屋がつかまった。これをみた友忠は、岩永に斬りかかる。相手が強いと知った岩永が手勢を呼べば、多勢に無勢、ついに友忠は切腹して果てる。

場面は変わって、景清が疲れた姿で現れ、頼朝の前に首をさしだす。景清の忠義に感じた頼朝は、家臣にとりたてようとする。しかし平家に忠節をつらぬく景清は、阿古屋とともに仏門に入るのである。

「ヴィクトリア＆アルバート博物館」の資料には、こう評せられている。

〈英国の劇場で初めて公演されているハラキリにおいて、われわれは、わが国で今までに見られたどの劇――五年前の貞奴さえも含めて――よりも、本当に日本的な演出を行っている〉

（澤田助太郎『ロダンと花子』所収）

舞台の背景となる段幕《だんまく》には夜の吉原《よしわら》が描かれ、満開のしだれ桜がセットされた。ソデの背景に森が描かれて奥行きをだすという趣向である。

阿古屋に扮した花子が一本歯の高下駄に日傘をさし、三味線の音にあわせて扇子をゆらしながら優雅に登場すれば、高いポックリを履いた花魁《おいらん》がしずしずと歩く。この光景を見ただけでも、欧米人のイメージする「日本情緒」がたっぷりと味わえる。

圧巻の切腹のシーンでは、腹に突き立てた短刀が柄《つか》にひっこみ、真っ赤な血がふきでる仕掛けになっていた。

この舞台を、客席から観ていた女性がいた。

ロイ・フラー（一八六二～一九二八）――。先にふれた「回想録」の著者であり、「光の舞踊家」

として一世を風靡したアメリカ人である。
彼女は、十九世紀末の〝ジャンヌ・ダルク〟ともいうべき存在だったかもしれない。
フラーの研究家秋葉尋子《ひろこ》によれば、
〈ダンスだけでなく、多才な人物で、時代が何を必要としているかを理解して行動すべきかがわかっている。
今日行われているコンテンポラリーダンスで、ダンスだけでなく、映像が重要なパートを占めていることにも、共通項があるように思われる〉（「ロイ・フラーに関する一考察」『東京学芸大学紀要』芸術・スポーツ科学系第六一集、平成二十一年）
秋葉は、映像とのコラボレーションを試みた先駆者として、この十九世紀末の舞踊家フラーを高く評価している。大きな絹の白いドレスの、両袖につけた棒を縦横に振り回して蝶のように舞い、黄色や青、緑の照明灯をあてて幻想的な世界をつくりだした。それまで薄暗いのが常識だった舞台に革命をもたらした、というのである。

フラー、生後六週間で社交界デビュー

ロイ・フラーは、パリで超一流の人士と交遊していた。彼女が一九一三（大正二）年に出版

した「回想録」には、ノーベル賞作家アナトール・フランスが「まえがき」を寄せている。

〈私は、ブルゴーニュの森のレストラン『世界一周の旅《ツール・ド・モンド》』の午餐で彼女に会う光栄をえた。小作りな顔立ちの、青空を水に映したような碧い眼をした、やや肉付きのよい、静かに微笑みを湛えた、洗練されたアメリカ婦人だった。私は、彼女のことばを聞いた。彼女の話すフランス語のむずかしさは、元気潑剌さを損なうことなく、表現に力強さをくわえた。あらゆる場面で必要な表現を素早く、最もふさわしい会話の転回によって、信頼を余儀なくさせた〉

（ロイ・フラー、拙訳、回想録『舞踊家人生十五年』スモール・メナード社、一九一三年。以下『回想録』とする）

高等教育を受けなかったフラーは、ぎこちないフランス語ながらひとを引きつけた。研究熱心であり、めざせば科学者になれたであろうが、生まれながらの芸術家であった。そして多くの芸術家や学者を魅了した。例えば、科学者のキュリー夫妻であり、オーギュスト・ロダンと、その他の天才たちのように――とアナトール・フランスが絶賛するフラーは、生後六週間、体重わずか二千七百グラムの赤ちゃんのときに、〝いわゆる社交界〟にデビューしたという。

一八六二年一月、アメリカ・イリノイ州の州都シカゴは、零下四十度の大寒波に見舞われた。フラーの家族は、シカゴから十六キロ離れた農場に住んでいた。ストーヴを焚いても室内の鍋や皿の水が凍った。そんな寒さのなか、生後二週間だった彼女は、ひどい風邪をひいた。やむなく両親はフラースバーグの町の、たったひとつしかない居酒屋に移った。ふんだんにストーブを焚く居酒屋ならば、凍える心配がなかったからである。

四週間後、ようやく家族が農場にもどったとき、村の仲間が両親のためにサプライズ・パーティーを用意してくれた。会場は、三十二キロ離れたダンスホールだった。

村人は、馬車を走らせて参会者を拾ってまわった。フラーの家にきた村人は、

「身支度に五分やろう。さあ、急いだ、急いだ」とせかせる。

「わたしは、遠慮しとくわ」と、母のリリーがいった。

「奥さんがこなけりゃあ、意味がないじゃないか」と、村人がいう。

「じゃあこの子に、だれがミルクあげるの?」

「かまわないって。さあさあ、乗った、乗った」

粗末な産着《うぶぎ》をきせられて眠っていた赤ちゃんは、小さな橇《そり》に乗せられて会場につれてゆかれた。生後六週間のロイ・フラーは、ダンスホールの正式会員に登録され、村の社交界にデビューしたのである。

舞台でのデビューは、二歳半だった。両親が支持するシカゴ進歩党の決起《けっき》大会が休憩時間に入ったとき、手を挙げたフラーは演題に進みでてお辞儀をし、膝を折り曲げて〝祈りのことば〟を披露して、

「シーッ。みなさん、聞いてください」と、参会者によびかけた。

彼女は、静まりかえった会場を眺めまわしてから、自作の詩「メアリーは子羊を持っている」を朗読した。拍手の嵐に沸く会場の片隅で、両手で顔を蔽《おお》った母は、

「もう、この子ったら。なんてこんなバカなことを」と、嘆いた。

おしゃまな目立ちたがり屋の少女が舞台に夢を馳せるようになったのは、フランスの「悲劇女優」サラ・ベルナールがアメリカにやってきたときだった。フラーは『回想録』に「わずか十六歳」と書いているが、正しくは一八八〇年十一月。フラーは「十八歳」だった。サラの舞台を見るためにニューヨークに出、〝天才女優〟を見たのである。

十年後の一八九〇（明治二十三）年、彼女は、母といっしょにロンドンへ旅行した。チャンスが訪れたのは、このロンドンだった。たまたま会ったアメリカ人興行師が契約してくれた。舞台は、ニューヨークの小劇場。「ドクターあひる」と題した三人芝居である。

彼女は、ドクターあひるが使う魔法の妖精役だった。本番を迎える前夜――、

「衣裳は、それぞれ自分で用意してくださいよ」と、興行師がいった。

「自分で？」フラーは、呆然となった。

一張羅《いっちょうら》を買ってしまったフラーの財布は、カラッポだった。旅行鞄を開けてみたが、めぼしい材料はない。刻一刻と、時間だけが過ぎる。

テーブルの上に小さな宝石箱があった。ロンドンで知り合った若いイギリス人将校が、赴任先のインドからホテル宛に郵送してきた贈り物である。

何気なく開けてみた。白い絹の布が入っていた。拡げてみると、薄いスカートだった。箱の底に布があった。数枚の四メートル四方の絹のヴェール！

〈このアラジンの魔法のランプは、金が湧く泉になった〉（ロイ・フラー『回想録』）

なんというグッド・タイミングの贈物だろう。彼女は、すぐさまスカートの裾に縫い合わせて一枚の大きな布にする。残る一枚を肩から両胸に垂らして腰をしぼりこむと、インド人のような衣裳が出来上がった。インド人のことは、何も知らなかったけど。

両手で裾を持って拡げ、上下に揺らすと妖精になった。

「これだけじゃ、能がないわ」と、いろいろと照明を考える。

初舞台の当日、彼女は、照明係と楽隊に細かな指示をだした。

「私が舞台中央に立ったとき、フットライトを全部消してちょうだい。踊りだしたらフットライトをつけて、緑の照明を私にあてて。そうそう、オーケストラさんは、沈黙から徐々にそよ風のような曲をながして、踊り出したら怪しく、激しく、激しく鳴らして……」

いつしかひとは、これを〝ヘビ踊り〟と呼ぶようになった。

半年のあいだ、彼女は、ニューヨーク周辺の町を巡業した。どこでも一大センセーションを巻き起こし、アンコールが最高二十回もかかり、ついに〝ヘビ踊り〟は、フラーの代名詞となった。

その名声は、ニューヨークの劇場王オスカー・ハーマンシュタインの耳に届いた。ブロードウェイの劇場に次々に出演するうちに「ドクターあひる」は下火になった。

「そろそろ踊り子として一本立ちするチャンスだわ」

ロイ・フラーは、ひそかにパリ行きを考えた。

川上音二郎一座とパリ万博

フラーが活動拠点をパリに移したのは、一八九二(明治二十五)年だった。

パリでも最も華やかだった社交場のひとつ、カフェ劇場「フォリー・ベルジェール」でデビューした彼女は、瞬く間に世紀末のパリを席捲した。芸術家たちとの交遊がはじまり、ロダン、ブールデル、ゴーギャン、ボナールなどに影響を与えたという。

一八九五(明治二十八)年、映画が誕生した。映像の機能を直感的に見抜いた彼女は、のちに半裸になってセクシーな踊りを舞い、仰天する〝観客〟の反応を映画にした。風刺に富んだ無声映画で一世を風靡《ふうび》したチャーリー・チャプリンが子供だった時代に、フラーはすでに、人間を洞察する映画を撮り、自ら演じていた。めぐまれた美貌と均整のとれたヌードを堂々と画面にさらすのにも、芸術性の高さを感じさせた。パリの芸術家たちは、その大胆なセクシーさに魅了されたのである。

そのころパリは、一九〇〇（明治三十三）年に開催する第五回パリ万国博覧会の準備に沸き立っていた。グラン・パレ、プティ・パレ、アレクサンドル三世橋、そして豪華ホテルを備えたオルセー駅（現オルセー美術館）など、今日も姿をとどめる建物が建設中であった。

オッペケペ節で有名になった川上音二郎一座十七名が米国船「ゲーリック号」で神戸を出発したのは、明治三十二（一八九九）年四月末であった。

音二郎の妻貞は、伊藤博文をはじめ政財界の大物に贔屓された芸者だった。五年前に結婚して、今回の洋行は夫音二郎の〝手伝い〟のつもりで同伴。ただ並の一座と異なるのは、貞が政財界の大物を後ろ盾にもっていたように、音二郎にも貴族院議員金子堅太郎（帝国憲法起草者のひとり）をはじめ同郷福岡県出身の人脈が応援していた。もちろん音二郎に才覚がなければ、利用できるわけもないのだが、その才覚にもめぐまれていた。

川上音二郎一座は、堂々と乗り込んだサンフランシスコで興行師代理にギャラを持ち逃げされて無一文になった。飲まず食わずの旅をつづけた一座は、かろうじてシカゴで再起をはかり、貞に「道成寺」を演《や》らせて大当たり。女優「貞奴」の誕生である。そして移動したボストンには、駐ワシントン公使小村寿太郎《じゅたろう》がかけつけてくれた。

〈近々日本公使館で夜会を催すから一座を引連れて是非来いというお話であったのですから、其の内に日取りが極って華盛頓《ワシントン》の日本公使館へまいりました〉（川上音二郎・貞奴『自伝音二郎・貞奴』三一書房、昭和五十九年）

夜会は、招待客が増えて二日間におよんだ。公使館がマッキンリー大統領をはじめ大臣、高等官、芸術家、大学教授、新聞記者などに招待状をおくると、ボストンの評判を知った彼らは、ことごとく招待をうけてくれたのである。

〈我々が『曽我討入《そがのうちいり》』『道成寺《どうじょうじ》』を演って西洋人の喝采を博したといって、日本へ帰って威張ったところが仕方が無い。日本には成田屋あり音羽屋あり、川上何物ぞと、一言《いちごん》の下《もと》にケナされてしまう〉（『同』）

一座は、歌舞伎の台本にない「ハラキリ」を、臆面もなく「曽我討入」に挿入して拍手喝采をあびていたからである。


この即興性が川上一座の特徴でもあった。

——ボストンでのことだ。

川上音二郎一座が公演していた隣りの劇場で、英国の名優ヘンリー・アーヴィング卿がシェクスピアの「ヴェニスの商人」を演じていた。それを見た音二郎は、一晩で日本流の劇「人肉《じんにく》質入裁判《しちいれさいばん》」(「ヴェニスの商人」の翻案)に仕立て上げた。それを見て感服したアーヴィング卿は、ロンドンの日本協会副会長アーサー・デオシーを紹介してくれた。

音二郎の目的はパリ万博だったが、その前にロンドンを訪ねる予定を入れた。

アメリカで大成功おさめた一座は、明治三十三(一九〇〇)年四月二十八日にロンドンに乗り込んだ。港から投宿するチュードル・ホテルまで二頭立ての馬車を走らせると、デオシー副会長が出迎えてくれた。ロンドンの歌舞伎座ともいうべきコロネット座で公演中にウェールス親王殿下から声がかかり、バッキンガム宮殿内にしつらえた特設の舞台で天覧に供する好運に恵まれるのである。

ロイ・フラー現わる

一九〇〇(明治三十三)年四月十四日、アンヴァリッド博物館をメイン会場にしたパリ万博が開幕した。グラン・パレからアレクサンドル三世橋をわたってメイン会場に至る両側に、パビリオンが軒をつらねた。これから半年の会期で世紀の大祭典がおこなわれる。日本館には横山大観や上村松園、黒田清輝、浅井忠などの作品百八十点が展示されていた。

幕を開けたところ、意外に客足が伸びなかった。万博主催者は、考えた。

〈コレでは行かぬ。何か人寄せになるものはあるまいかと、其の筋でもいろいろ熟議の末、ロイ・フーラーの電気踊りを演らせたら、此の不景気を挽回することが出来るだろうと、こういう相談になって、商務大臣から直接にフーラーを説いた〉(『自伝音二郎・貞奴』)

フラーの「電気踊り（ヘビ踊り）」は、子供でも知っていた。街角のあちこちに立つ広告塔に、フラーのポスターが賑々《にぎにぎ》しく貼られていたからである。

正規のパビリオンの場所は、すでに埋まっていた。そこでフラーは、万博事務局のある大門の脇を用意するよう親友のルーベ大統領に交渉して「ロイ・フラー劇場」を建設。その「電気踊り」も、いまひとつ人気がでなかった。そこで川上音二郎一座に白羽の矢を立てることになるのだが——。

〈どうして我々の事を聞出したかというと、あえて新聞の好評を見て、軽率にも乗って来た訳でも無ければ、コロネット座から紹介をした訳でも無い〉(『同』)

元「フラー座」の支配人スティーブンスがニューヨークからパリに戻ってフラーの劇場を訪ねてみると、客集めに悪戦苦闘していた。

〈しからばコレコレの珍しい演劇で、自分が現に亜米利加《アメリカ》で見て来たのが、今倫敦《ロンドン》に来ているから、是非、是を呼んではどうかとフーラーへ献策した〉(『同』)

川上一座は、話題沸騰中の事件をひと晩で芝居に仕立てあげて舞台に乗せた。たまたま立ち寄ったピジョー座でそれを見たスティーブンスは、その盛況ぶりを知った。そこでスティーブンスは、フラーを伴って出演交渉にきたという。川上一座がバッキンガム宮殿で行われる舞台の契約書を交わした翌日である。

音二郎は、初対面のフラーの容貌を、こう描いている。

〈年はモウ六十に近いお婆アさんですが、其の若いこと、美しいこと、まだ四十余りとしか見られないスバラシイ美人であるが、いまだに亭主を持っていない〉（『同』）

音二郎の証言は、いささか乱暴である。フラーは、このとき三十八歳。自由奔放な私生活を楽しんでいた。ちなみに音二郎三十六歳、貞奴二十九歳である。

天覧芝居にサインした直後の音二郎は、

〈ズッと気位が高くなっている矢先であるから、チットやソットの給料じゃ動かないという顔をして、

「一週間三千弗《ドル》お出しなさい。其《それ》なら行きましょう……」

と、思い切って大きく出た〉（『同』）

さすがのフラーも唖然としたようだったが、「よろしい」と契約したのである。

六月二十七日夜、天覧芝居となった。宮殿には、一夜のために特設劇場が設けられた。音楽が演奏されて、白髪のかつらに燕尾服で正装した親王殿下以下の重臣が入場した。舞

台がはじまると、これが沈黙。イギリスの王宮では、たとえアーヴィング卿の舞台といえども拍手を禁じられている、と随伴のデオシー副会長が説明する。

終盤になって殿下ご自身が拍手され、ついで家臣も拍手するという破格のあつかいをうけてぶじに閉幕。そのあと殿下との拝謁があり、恐縮しまくって音二郎たちが王宮を退出したのが、翌朝の午前四時であった。

面目をほどこしたデオシー副会長もご満悦であったが、はて、従者が謝礼だといって渡してくれた紙の包みが、おもったよりも軽い。

おやっとおもって開けてみると、紙切れが一枚だけ。落胆の色をうかべた音二郎が、〈シカシよくよく目を拭うて見ると、何ぞ図らん。是が日本の百円紙幣四十枚程の価値を持っている非常な紙片で、すなわち二千弗の銀行手形であったのです〉(『同』)

その日の深夜にロンドンを出発した一座は、翌朝パリについた。

一座を待っていたのは、日本公使館の夜会だった。栗野慎一郎全権公使が政府要人と地元の新聞記者を招待していた。栗野公使は、音二郎と同郷であった。

絢爛たるロイ・フラー劇場

日本公使館が催した夜会の舞台は、辛口で知られたフィガロ紙に絶賛された。それがロイ・フラー劇場の前宣伝になったばかりか、音二郎と貞奴のフランス政府からの芸術文化勲章受章、さらには音二郎のフランス文芸家協会の正会員登録にもつながる。外務省の丸がかえとまではいかないまでも、外交官を利用する音二郎・貞奴の手腕は大したものである。

一等地に建てられたロイ・フラー劇場は、壮観であった。

〈とりわけ苦心経営の結果と見らるるのは、劇場の外観の壮麗なることで、其の意匠は屋根とも言わず、壁とも言わず、ただ一面大波が打って、其の大波の頂上にフーラーが飄々《ひょうひょう》として踊って居る。是はみんな大理石の彫刻で、夜になると電気の仕掛で以て、其の大理石の彫刻がマルデ大波の打ってるように、虚空に浮上がって見える。実に壮観な建築である〉(『自伝音二郎・貞奴』)

秋葉尋子の論文によれば、

〈フラーがロダンの資金をアメリカの銀行から借りてロダンのバックアップをし、ロダンの創作活動が活発になり、花子がロダンのモデルとして依頼され、ダンカンがロダンに認められ、交流した背景を理解することができる〉(「ロイ・フラーに関する一考察」)

ロダンは、パリの銀行三社の支援をうけてアレクサンドル三世橋の下流ふたつ目のアルマ橋の畔《ほとり》にパビリオンを開いた。これがロダンの名前を世界中に響き渡らせるきっかけとなったわけだが、フラーもロダンに協力していた、と秋葉はいうのである。

音二郎がおどろくのは大理石の装飾ばかりか、フラーの私生活におよんでいる。

〈フーラーの家に行って見ると、さながら貴族の邸宅で、自用の馬車が四台あって、馬車用、乗馬の馬ばかりが五十頭飼ってあるのを見ても、いかに贅沢な暮しをして居るかということが分かる〉（『自伝音二郎、貞奴』）

だが、音二郎が見たものは、それだけではなかった。

〈此処に可笑《おか》しい話は、先年支那の李鴻章《りこうしょう》が仏蘭西に遊びに来た時、此のお婆アさんにスッカリ打込んでしまった〉（『同』）

と、とんでもない人物の名前がとびだすのである。フラーは、

〈今でさえなかなか若くて、愛嬌沢山の美人である処を見ると、李鴻章が逢った時分はズッと昔の事であるから、スバラシイ尤物《ゆうぶつ》（美女）に相違無かったと思われる。

李鴻章が其の色香に迷って、何もかもほとんどフーラーに入れ揚げてしまった。其の証拠にゃ、フーラーの居間、寝室の装飾品から、夜具、蒲団、枕、寝台の類から日用の家財に至るまで、李鴻章の記念として遺《のこ》って居ないものは無い〉（『同』）

清国の政治家李鴻章は、清仏戦争（一八八四〜八五年）後の処理に国家代表として活躍した。また日本とは、日清戦争後に伊藤博文と講和条約（一八九五年）を締結した全権大使として知ら

れている。日本はともかく、フランスとの関係も深いのである。

ロイ・フラーと李鴻章の関係は、川上一座の出演交渉にロンドンへ同伴した元「フラー座」の支配人スティーブンスが、ナゾを解く〝カギ〟を握っているらしい。

〈此のスチーブンスというのは、（中略）先年李鴻章の英語掛りに雇われて、今は非常の出世をして支那に居るのですが、亜米利加《アメリカ》へ立寄ったのは、故郷の巴里《パリ》へ暫時《ざんじ》暇を貰って帰る途中であったそうです〉（『同』）

このスティーブンスとフラー邸の家財道具が、音二郎の臆測を生んだものとわかる。さらに音二郎は、フラーのしたたかさをおもい知らされる。

川上音二郎一座は、七月四日に開幕した。

〈新築のロイ・フーラー座に、まず初日を出して、それから二日目を打って三日目を出そうという時になって、フーラーのお婆さん、困った事を言い出してきた。

「どうも今日になってこういう事を申すのは誠にお気の毒な訳ですが、実は此処の劇場を建築する時は、少なくも見物八百人を容《い》るる注文をしたのです。ところが出来上がってみると、わずかに五百人しきゃ這入《はい》れぬ上に、芝居を開場して見ると、電気料其の他の雑用《ぞうよう》が思いの外超過して、到底収支相償《あいつぐな》う見込みが無い。其《それ》ですから、お願いですから給料を少し負けて下さる訳には行きませんか……。負けぬと仰しゃれば御縁もそれまで、三日目から御断り申す外ありません」〉（『同』）

「それはないだろう」とでも言いたくなる契約無視の談判であった。フラーは、この手の常習犯であったらしい。やがて花子も、ギャラを誤魔化される。結局、川上一座は、ギャラを半額に値切られたうえに、舞台の数を二回から四回に増やされたのである。

花子一座の誕生

さて、パリ万博から五年後。明治三十八（一九〇五）年十月二日夜――。

ロイ・フラーは、サヴォイ劇場の客席から花子を見ていた。

フラーは、この劇団は〝花子人気〟で成り立っている、と直感した。

〈ところが、この日本人俳優連中にとっては、女優などものの数ではなく、大役はすべて男優が独占していたのである。にもかかわらず、私の眼にとまったのは彼女ただひとりであった。演じていたのはほんの端役であったが、こまねずみのように駆けまわりながら愛嬌をふりまく、その仕方は、インテリジェンスに満ち、かと思うと、突然表情を変えて、恐怖に全身を硬直させる迫真の演技もやってのけた。しかも容姿は端麗で愛らしい顔立ちをしており、ちょっと日本人離れしていた〉（ニコラ・サヴァレーゼ、澤田助太郎訳「貞奴の象徴的生涯」に引用されたフラー『回想録』、

イタリアの季刊誌『東洋の緞帳』一九八〇年三号、澤田助太郎『ロダンと花子』所収）

フラーは、花子を主役に抜擢すれば、〝売れる〟と睨んだ。

〈翌日サボイホテルに泊つて居たフウラアさんは手紙を寄来《よこ》して、重立《おもだ》つた人の誰かに逢い《ママ》たいと申込んで来たのです〉（「聞き書き（1）」）

代表して吉川馨が訪ねたところ、

〈一座を自分が抱《かか》えんと云ひ、然《そ》うして那麼《そんな》に大勢では困る〉（「同」）

といい、さらに稽古場へきて、「座員は花子を入れて五、六人にしたい」といったが、そこは積立金の件があり、全員が一緒に働く条件で合意した。そしてフラーは、

「劇団に頭《ヘッド》がないのはいけないわ。日本人の混成劇団では、劇場に売り込めないもの。ご不満はありましょうが、これは女性の人気で立っている劇団なんですから、花子一座にしなくちゃダメね」と。

花子が座頭《ざがしら》になる瞬間である。

それまでの新山座は、頼朝の家臣岩永を演じた「原田」が座長格で仕切っていた。

フラーの提案は、座員を動揺させた。だが、フラーの勢いに呑まれた座員は、不承不承、「花子一座」の劇団名を認め、二年契約に同意したのである。

フラーは『回想録』のなかで、花子の芸名についてこう書いている。

踊りのポーズをとる花子。(ぎふ「ロダン＆花子」の会蔵)

〈数メートルに及ぶ翻訳不可能な名前を持っていたこの女優を、私は即座に〝ハナコ〟と命名したのである〉

これもフラーの「ウソ」である。サヴォイ劇場のプログラムには、ちゃんと「ハナコ」と印刷してある。キーンの「鷗外の『花子』をめぐって」にも、フラーが〝太田ひさ〟の名前が覚えにくいところから「ハナコ」としたように書いているが、フラーの『回想録』の引き写しである。キーンに責任があるわけではない。

フラーはさらに、こんなこともしたという。

〈彼女の出番を多くすることになった。また芝居の方も、結末らしきものを持たぬ筋立てであったので、ただちに私がそれをつくりあげた。ハナコは、私の考えによれば、死ぬ場面を見せるべきであった。この案には、ハナコ自身を含めて全員が笑い転げたが、結局、私の言うとおりを受け入れた〉（澤田訳、ロイ・フラー『回想録』、澤田助太郎『ロダンと花子』所収）

花子の「聞き書き（1）」によれば、花子のハラキリはもう少しあとのようだが、ともかくフラーは、川上一座のハラキリで大当たりした経験があった。音二郎の証言がある。

〈是非腹切を演ってくれ、というフーラーの注文であったのです。どういう切り方、どういう死に方であるのだろう？と〉（『自伝音二郎・貞奴』）

元マネージャーのスティーブンスンの情報によって、音二郎がアメリカで演《や》っていたハラキリの人気ぶりを知っていたフラーは、おなじように求めた。

〈毎日の収入が平均三千弗！　フーラーのお婆さん、腰を抜かして喜んで居た！〉（『同』）

また「新山座」も、男優がハラキリを演じてきた。フラーの独創性は、花子に腹を切らせるのである。女は切腹をしないから、座員が笑いころげたわけである。

準備が調ったところで、フラーは一座を冬の北欧に売り込みをかけた。デンマーク、ノルウェー、スウェーデンのスカンジナビア三国と、フィンランドである。

花子は「シンデレラ」

スカンジナビア三国は、つねにロシアの脅威にさらされてきた。さらにフィンランドは、宗主国ロシアに対する反感がつよく、そのロシアを破った日本に寄せる親近感には、特別なものがあった。フラーは、如才なく日本の〝戦勝人気〟を当て込んだのである。

それだけではなかった。フラーは、もうひと工夫していた。

〈私（花子）は座頭《ざがしら》と云ふので劇場へ送迎《おくりむか》へは自動車か馬車を取らして、旅宿《やどや》にしても別室一つを当てがふと云ふ態《ふう》でした〉（「聞き書き（1）」）

何気ない待遇の変化のようだが、ここからがフラーの真骨頂である。

フラーは、「東京帝国劇場の悲劇女優マダム・ハナコは、一九〇〇年に来た貞奴よりも遥かに優れた芸術家」と、触れ込んだ。

現代のひとは、「東京帝国劇場の悲劇女優」などと、フラーは、とんでもない〝ウソ〟をついたとおもうであろう。そこが狙い目である。

フラーの舞踊は、ひとの目をあざむく「光の幻想《イリュージョン》」であった。観客は、その幻想に酔いしれてエクスタシーを堪能する。スターというものは、自然と誕生するのではなく、だれかが演出した「幻想の所産」なのである。

当時の日本に、「東京帝国劇場」などは存在しなかった。また「帝国劇場」にしたところで、その誕生は六年後の明治四十四(一九一一)年三月である。日露戦争後、国際化する日本に〝西洋に匹敵する劇場が必要だ〟とした財界人が呼びかけて、やっと建設にこぎつけた。つまりフラーは、権威のありそうな〝架空の劇場〟をつくりあげたのである。

みなさんは、童話「シンデレラ」をご存じだろう。

これを書いたフランスの作家シャルル・ペローは、魔法使いにカボチャを馬車に、ネズミを馬、トカゲを馭者《ぎょしゃ》に化けさせてシンデレラを王宮の舞踏会に登場させた。

正体はカボチャでも、華麗な馬車に化ければ、乗るひとも素晴らしくみえる。

だが魔法は、深夜の十二時に解ける。そして——、運命の時計が鳴った。

シンデレラが舞踏場から逃げ帰るとき、片方の小さなガラスの靴が脱げた。この靴こそがシャルル・ペローが用意した、幻想と現実の世界をむすぶ重要な小道具である。

シンデレラに夢中になった王子は、家臣に命じて国中の娘にそれを履かせたところ、粗末ななりをした娘にピッタリだった。娘は、もう一方の靴をだして見せ、王子と結ばれてハピー・エンド。靴だけは、魔法ではなかったのである。

十七世紀に書かれた「シンデレラ」は、世界中で読まれた。日本では明治三十三（一九〇〇）年に坪内逍遙が翻案した「おしん物語」が高等小学校の教科書に載ったが、少女たちはみな、王子の出現を夢見たのである。

カボチャの馬車であれトカゲの馭者であれ、フラーが演出した花子は、まさに馬車に乗った〝日本のシンデレラ〟であった。

では、花子に用意された「ガラスの靴」は、いったい何だったのか。魔法が解けても確実に残る小道具を、フラーは「貞奴より優れた芸術家」に求めた。

最初、フラーが貞奴につけた宣伝文句は、「日本の悲劇女優」であった。サラ・ベルナールにあやかった「悲劇」の看板である。

貞奴が演じた歌舞伎「道成寺」は、修行僧に恋した娘が大蛇に化けて、寺の梵鐘《ぼんしょう》に遁《のが》れた修行僧を焼き殺してしまう。その梵鐘が再建された寺に娘の怨霊が現れて狂乱するという筋書きである。その「悲劇女優」が大当たりした貞奴は、伝説に残る大女優となった。

フラーは、この貞奴にはない個性が花子に備わっていると見た。

フラーの『回想録』は、「綺麗な、上品な、優雅な、奇妙な個性」と花子を表現したが、身長百三十八センチ、体重三十キロの花子は、生きた〝人形〟であった。それが、〈恐れおののく子供にも似た、細やかな、微かな仕草や、あるいは傷ついた子鳥のような叫び、ため息などと共に、彼女はくず折れ、その小柄な身体は、刺繍を施した豪華な和服の中に、ほとんど埋まってしまうのだった〉（拙訳、ロイ・フラー『回想録』）

花子の個性は、肉体と演技力にあった。フラーは、さらにこう表現する。〈身体は石のように動かぬまま、眼の輝きのみが強烈な生命力を伝えたかと思うと、すすり泣きが全身をゆさぶり、突然絶叫すると、一拍おいてもう一度絶叫、その声は長く響いて最後にはため息となり、ひとみを大きく見開いて、近づく死を見つめながら、がっくりとのけぞる。何ともの凄い演技であった〉（『同』）

これこそが、シンデレラのガラスの靴のように、観客を魅了して裏切らないのである。

空白の北欧巡業

花子一座がロンドンを発ったのは、明治三十八（一九〇五）年十月十七日前後であろう。フラーとの契約は、二年である。デンマークの首都コペンハーゲンで準備を調え、初日を迎えるのは十二月に入ってからである。

巡業は、現地の劇場がポスターを貼り、新聞広告を打って準備したところへ花子たちが乗り込む。舞台を組み立てた翌日、ときには到着したその日の夜に初日を迎えるという慌ただしさである。公演は、三日間をメドに計画され、移動日を入れると一週間にひと場所というスケジュールだったと考えられる。フラーは、コペンハーゲンで初日を迎えると、そのままパリに戻ってしまったのである。

フラーが去ったあと、花子一座は、

〈アル丶ハンス（オーフス?）町だのビボルグ（ビボア）町だのと打つて〉（「聞き書き（1）」）

スカゲラック海峡を船でわたってノルウェーに入り、

〈クリスチヤニヤ（オスロ）市やヅラアメン（ドランメン）町や其の他の町の劇場を訪れて瑞典《スウェーデン》のクリスチニヤ（クリスティーネハムン?）市の方へと道々の劇場を打つて往きました〉（「同」）

花子の地名表記の難解なところは鉄道沿線の町から想定してみたが、ノルウェーのクリスチャニア滞在中に、花子はスキーを楽しんでいる。

日本にスキーが伝わったのは、明治四十四（一九一一）年である。花子は、それより五年もはやく滑っていた。日本人の第一号スキーヤーだった可能性がある。

〈クリスチヤニヤ（クリスティーネハムン?）市では三晩打《うち》ましたが、只今《ただいま》（大正七年）露国の大使館に御出《おいで》になる丸毛《まるも》（直利《なおとし》参事官）様が其の頃ストックホルムに御出になつて見物に御出《おい》で下さいました〉（「同」）

花子の「聞き書き」には曖昧さが残るが、この部分は、ストックホルムの日本公使館に駐在中の丸毛直利が「クリスティーネハムン?」の公演先にやってきたと解すべきだろう。いずれにせよ、現役の外交官の来訪は、嬉しかったにちがいない。

〈瑞典《スウェーデン》を北へとウプハラ（ウプサラ）町からハパランダ町、猶《なお》も北へと芬蘭土《フィンランド》の国境の小さな街へ這入って其れから引回《ひきかえ》して〉（「同」）

と、花子一座は、オーロラの見える酷寒の地を巡業して回るのである。フィンランドの国境の街とは、トルニオであろうか。国境とはいっても、税関事務所などはない。

北欧巡業の旅は、花子の「聞き書き」のほかは、まったくの空白だった。ところが昭和六十一（一九八六）年春、スウェーデンの歴史学者レナール・シェクヴィストから澤田助太郎に連絡があり、モヤモヤしていた霧の一部に風穴があいた。

ドナルド・キーンに触発された澤田が『小さい花子　プチト・アナコ』（中日出版社）を出版したのは、昭和五十八（一九八三）年であった。そして翌年に自ら英訳して出版。そこへシェクヴィストからの連絡だった。自国の百科事典の「ハナコ」の項目を担当した彼は、花子の没年などを問い合わせてきたのである。

英訳本を送ったみかえりに澤田は、スウェーデンで入手できる雑誌の記事や劇場のポスターを贈られた。スウェーデン語には、英訳が添えてあった――。

フラーの『回想録』には、コペンハーゲンの成功は、「大勝利だった」とある。

さらに『回想録』は、フィンランドにおける花子の人気ぶりに言及している。

〈とりわけフィンランドにおける彼女の成功は、ほとんど狂気に近いものであった。面白いことに、フィンランドは日本に対して大いなる親近感を抱いていたが、ちょうどこの頃は日露戦争の時期にあたっており、フィンランドではハナコを大歓迎したのである〉

明治三十九（一九〇六）年一月二十日には、スウェーデン西南部の第二の都市ゲーテボルグ（エーテボリ）での公演があり、引き返してストックホルムの「ドラマティスカ劇場」に出演。演目は、二月一日に「芸者の仇討」、二日に「幕府の隠密」、四日には「ハラキリ」の順である。新聞に載った絵入りの論評は、つぎのようなものだった。

〈一九〇五年の夏に、デュッセルドルフで「ハラキリ」を演じた日本の一座があったが、それは素晴らしいものであって、念入りに印刷されたプログラムのお蔭もあって、言葉が通じないことが殆ど苦にならなかったほどであった。恐らくこの一座が、先に私たちがデュッセルドルフで見たのと同じ一座かも知れない。そうであれば、経験から私達は彼らを推薦することが出来る〉(一月三十一日付『ストックホルム新聞』、澤田助太郎『ロダンと花子』所収)

花子一座は、ものすごい前評判で迎えられた。

ストックホルムの「ルゥベルク・ホテル」では、記者会見が用意されていた。

ある女性記者は、ホテルの鏡にむかって微笑をうかべ、赤いつやのあるスカーフを可愛く魅力的に結びなおす。ついでに、ベニを濃い目にさし直した。

「あっ、ハナコさんだわ」と、記者仲間がささやきあった。

〈私たちの長い夢がやっと実現するのだ! おとぎ話に包まれた日本の愛らしい娘さんと、面と向き合って立つことが出来るなんて! 昇る太陽と桜と甘く優しい詩歌を映している目を覗き込んで、私たちは彼女の柔らかな唇が動くのを見る。私たちの生涯にまたとない機会なのだ。この機会を逃すという法はない〉(二月一日付『ストックホルム新聞』、『同』所収)

マネージャーとおもわれる男に、〝やっと身につけた上品な英語〟で取材の許可をとる。

部屋に通されると、花子は、主婦がするような縫い物をしていた。

「お待ちしておりました」と、花子は、両手の指をそろえてお辞儀をした。

〈何か東洋的な柔らかい息吹きのようなものが私たちの上に流れて来るのを感じる。部屋は

DRAMATISKA TEATERN
Torsdagen den 1 Februari 1906.
Kl. 3 e. m.
MATINÉ
af
Japanska Skådespelaresällskapet
Geishans hämnd.
Tragedi i 3 akter efter en gammal japansk historia
Personerna
Baron Kosugi Takakage .... Hr Honda.
Sandayu, hans sekreterare .... Hr Koizumi.
Washazuka, fäktmästare .... Hr Harada.
Haima, hans broder .... Hr Yamaoka.
Kanpai, köpman .... Hr Miyoshi.
Chorkiche, hans son .... Hr Sato.
Ossode, dennes förlofvade .... Fröken Hanako.
Enari Kouro, Kanpai's tjenare .... Hr Katzusa.
Fru Otsume, téhusegarinna .... Hr Miyoshi.
En tjenare .... Hr Nakamura.
1:sta geishan .... Fröken Miyako.
2:dra geishan .... Fröken Tatsuko.
Handlingen föregår:
1:sta aktens 1:a tablå: Baron Kosugi's hus.
» » 2:a » En gata, förande till Kanpai's hus.
2:dra akten: Ett landtligt téhus.
3:dje akten: Washazuka's hus.
Mellan 1:sta och 2:dra akten hafva 3 år förflutit.
Börjas kl. 3 och slutas omkring kl. 5 e. m.
Gröna biljetter.
Biljetter till matinéen säljas, utan förköp, i dag Torsdag från kl. 12 f. m. i biljettkontoret till höger i förstugan.
Kl. 7,30 e. m.
Far och son.
Lustspel i 3 akter af Gustav Esmann. (Sista akten fullbordad af E. Christiansen.)
Öfversättning från danskan.
Personerna.
Grosshandlaren Holm .... Hr Palme.
Fru Holm, hans hustru .... Fröken Klefberg.
Agathe / Poul } deras barn .... Fröken Lindstedt. / Hr Hansson.
Bremer, jur. kand., Agathes fästman .... Hr Arehn.
Annie .... Fröken Borgström.
Fru Bertha Lund .... Fru Deurell.
Neergaard .... Hr Ekelund.
Camilla .... Fröken Zanderholm.
Lövgaard, bokhållare hos Holm .... Hr Enwall.
Mamsell Henriksen / En jungfru } i tjenst hos Holm .... Fru Julin. / Fröken Jensen.
(Hos Holm, dels i Köpenhamn, dels vid sundet. Mellan 1:a och 2:a akten 7 år. Våra dagar.)
Börjas kl. 7,30 och slutas omkr. kl. 10 e. m.
Ljusgula biljetter.
I morgon Fredag:
Kl. 3 e. m.
MATINÉ
af
Japanska Skådespelaresällskapet.
Geishans hämnd.
(Hvita biljetter.)
Biljetter till matinéen säljas i dag Torsdag och i morgon Fredag kl. 12–4 e. m. i biljettkontoret till höger i förstugan.
Kl. 7,30 e. m.
Far och son.
(Röda biljetter.)
Dramatiska teaterns telefoner: Biljettkontoret: Riks- 12 47. Allm. 50 40. Kansliet: Allm. 52 53. Scenen och dess byrå: Allm. 75 80.
スウェーデンでの花子の公演「芸者の仇討」のポスター（岐阜県図書館蔵）

小さく、二つの大型のベッドと一卓の文机と二、三の椅子と一脚の長椅子がある。それらの前の絨毯《じゅうたん》の上に、花子さん自身は母国の衣裳を着て、針仕事をしている〉（『同』）

マネージャーのスドウの紹介によれば、花子は二十六歳だという。十一歳もサバを読んで通用したのである。

〈しかし彼女は、とても大変な仕事を抱えている。十四人の一座の全員を守って行かなければならないのである。その上に主婦としての勤めも決して忘れない彼女である〉（『同』）

このあとも女性記者は、花子の所作の描写をつづける。

花子は、女性記者たちに日本の巻タバコを配った。花子は、大の愛煙家であった。

〈本物の日本の巻タバコなのだ！「旅順（注）」！　私は一本頂戴する。もう一本取って、生涯の記念にしようと固く心に思う〉（『同』）

こうしてタバコを吸いながら、女性記者たちは本来のインタビューに入るのである。

（注・巻タバコの「旅順」は、日本が日露戦争に勝利して発売されたばかりだった。おそらく花子は、外交官の丸毛直利から貰ったものであろう。スウェーデンの女性記者が感激したのは、その由来を説明されたからでもあろうか）

花子は、ヨーロッパの演劇について質問された。

「おお、大抵の名優さんにはお目に掛かっておりますけど、コクランさん、サラ・ベルナールさん、どなたも素晴らしい方ばかりですわ」

コクラン・カデ（一八四八〜一九〇九）は、コメディー・フランセーズの名俳優。サラ・ベルナールもまたフランセーズの出身だが、花子は、そのサラにたとえられた。そして、

「ストックホルムには、雪がございませんので残念におもいます」

と、花子は、クリスチャニアでスキーに興じた話をする。

このインタビュー記事が掲載された日が、舞台初日の「芸者の仇討」であった。

三幕四場からなるあらすじは、こうである。

従者にかしずかれた殿様の前に、剣道師範の兄弟が登場する。そこへ裕福な商人が供侍《ともざむらい》をつれて現れた。殿様は、剣道師範の兄と、その供侍の立ち会いを見たいという。

両者が立ち会ったところ、師範が勝った。ところが「もう一度」と願い出た商人は、自ら師範と立ち会って勝つのである。面目をつぶされた師範は、殺意をいだく。

手柄を立てた商人を侍《はべ》らせた殿様は、芸者おそでを呼んで踊らせる。このおそでが花子である。これを見た商人の息子は、おそでに恋をして夫婦になる。

二場は、剣術師範兄弟の待ち伏せをうけた商人が殺されてしまう。家では、息子と女房おそでが父の帰りを待っている。心配になって迎えにでてみると、父は師範兄弟に殺されたあとだった。夫婦して仇討ちを誓う。

第二幕は、茶屋の場面。茶屋の女は、評判が悪かった。そこに立ち寄ったのが商人の息子

1906（明治39）年のスウェーデンの雑誌に掲載された
「『芸者の仇討』を演じる日本人一座プリマドンナ花子」。
（澤田助太郎著『ロダンと花子』より）

と新妻のおそでである。師範の兄が登場して、おそでを売ってくれ、と茶屋の女に頼む。茶屋の女は、毒を盛って夫を眠らせ、そのスキに師範はおそでを奪って逃走。そこへ供侍が現れ、商人の夫とともにおそでを探しにゆく。

第三幕は、剣道師範の家。師範は、おそでを四千円で買ったが、おそでが結婚をいやがる。そこで師範は、おそでを殺そうとする。そこに現れた夫は、おそでを救出したが、負傷がもとで死ぬ。おそでは、ふいを突いて師範を討ち果たしたが、おそでも自害する。

この「芸者の仇討」の劇評を書いたのは、ルネ・アン・ブランティング夫人。夫はスウェーデン社会民主党の創設者で、のちに三度首相となり、ノーベル平和賞を受賞するカール・ヤルマール・ブランティングであった。ブランティング自身が新聞記者の出身であり、彼に見初められたルネは、有能な記者だったにちがいない。あらすじを念頭にルネの記事を読むと、舞台上の花子が生き生きと甦《よみがえ》る。

〈花子が演じるオソデは撃たれた小鳥のように倒れる。花子は小さな小さな人で、殆ど鼻がないし、笑いもしないで、髪の毛は豊かである。

彼女について奇異な点はその声であって、落ち着かないひよこのようにピイピイ訴えるかのように聞こえる。劇の中では嘆き悲しみ、口やかましい茶屋のおかみ――私が知る限りの最もぞっとする女性――に追いかけられロープで縛られ、罵られ打たれる。彼女は小走りに走り回り、その小さなやさしい手を、愛する人の胸と絹に包まれた自分の胸の上に置く。すると、彼女の平板な顔の閉じた口から、悲しみのスタカット音が聞こえて来る。彼女はとてもかわいらしいので、皆彼女を哀れに思わずにはいられない〉（二月二日付『ストックホルム新聞』、『同』所収）

北欧の舞台が幕を閉じると、一座はバルト海をわたってドイツに入った。

このころ、座員に不満が生じはじめていた。

〈フウラアさんは何としても契約面通りの金を払って呉《くれ》ないのです。五百円払ふ中へ弐百円がせい〳〵なのです〉（「聞き書き（1）」）

巡業に同行しなかったフラーは、劇場から支払われるギャラをパリに送金させていた。一座に同行する代理人は、座員に支払う給金を持たされていなかったのである。

それが原因で、座員の花子にむける眼差しにトゲトゲしさが加わってきた。

フラーは、この座員の憤懣《ふんまん》をこう書いている。

〈彼女（花子）にとっては実に思いもよらなかった大成功であったが、それにも増して驚きだったのは、一座の中の他の俳優たちの嫉妬による怒りの爆発であった〉（ロイ・フラー『回想録』）

回想録のたぐいは、えてして我田引水である。原因は、座員による花子への嫉妬ではなく、ギャラの不払いである。しかも天一一座や川上一座の契約金を見てもわかるように、花子一座は、五百円という破格の低額なギャラを二百円に値切られたうえに支払われない。フラーの『回想録』からは窺《うかが》い知れない実態が、浮かびあがってくる。

導火線に火をつけた爆弾をかかえた一座は、ドイツからオーストリア、ベルギーを回って

フランスを南へ南へと巡業していった。

第四章——ロダンと花子

お徳という女

一九〇六（明治三十九）年四月十四日から同年十一月十八日までの約七ヶ月にわたって、第一回フランス植民地大博覧会がマルセイユで開かれる。

ロイ・フラーは、このマルセイユの劇場に一座を売り込んでいた。

〈劇場は植民地博覧会の会場から南西へ二キロほど行った、地中海に面した第二プラド通り突端にある「カジノ・ドゥ・ラ・プラージュ」。夏のヴァカンスを遊ぶ人らを狙っての興行である〉（『資延版』）

花子たちがマルセイユ入りしたのは、六月になってからだった。メイン会場は、大宮殿《グラン・パレ》である。訪れる淑女はドレス、紳士は燕尾服にシルクハットという正装だった。

一座の公演は、六月二十二日から二十九日までの八日間。前半の四日を「芸者の仇討」、後半を「ハラキリ」でまとめるプログラムだった。

座員のトゲトゲしさはあったが、舞台準備に忙殺されているあいだは平穏だった。

そんな一夕、花子は喧噪《けんそう》を避けて海に歩いた。マルセイユの港が間近に見えた。

〈六年前に此の港へ他の踊り手の女達と上陸した時の寂しい心持を持つて、私はもう旅馴《たびな》れ

花子の舞台写真。（ぎふ「ロダン＆花子」の会蔵）

切つた身の一人で、地中海の浪《なみ》の洗ふ岸壁の上に立つて思ひに耽《ふけ》りました〉(「聞き書き(1)」)

正しくは「四年前」だ。花子は、失意の旅立ちから新天地に降り立ったころを想ったのである。旅情をさそう静かな海だった。岸壁に、ひたひたと波がうちよせる。

「あのぉ、日本の方ですか?」と、女の声がした。

「はぁ?」と、花子はふりかえる。

劇場の外で聞く日本語は、久方ぶりだった。女は、どこか寂しげな憂いを覗かせた。

「博覧会をご覧に?」と、花子が訊く。

「いいえ、あの船に乗れたらなぁーって」

歯切れの良い関東弁だった。港には、外国航路の汽船が停泊していた。

女は、「お徳」といった。花子は「聞き書き」に、姓名を明かしていない。大正七(一九一八)年に雑誌「新日本」が取材した「聞き書き」には、生存者をおもんぱかって仮名が多い。お徳も、そんなひとりだった。わけありの女である。

〈其方《そのかた》は横浜に来て居た仏蘭西人《フランスじん》の小児の保姆《ほぼ》でした、仏蘭西人が帰国するのに附随《つ》いて来たのでしたが意見が衝突した為め馬耳塞《マルセイユ》で主人に別れた方でした〉(「同」)

「どこか、遠くの国へ行ってしまいたいわ」

お徳は、オメオメと日本に帰れないわけがあるらしい。花子は、かつての自分の姿を、お徳の境遇に重ね合わせてみた。

「なんなら、私の一座にくるといいわ。食べられるし、ヨーロッパ中を回れるし……」

ちょうど日本人の役者がほしいところでもあったし、ともおもう。

お徳は、花子の付き人になった。公演は、絶賛につぐ絶賛だった。

〈目下カジノで上演されている「芸者の仇討」という題の戯曲は、今から四百年前、江戸の屋敷内で起こった熱烈な恋愛事件である。

実際には原本は四十場から構成されているが、ヨーロッパ公演のためにオックスフォード大学東洋史学カノガ教授によって極端に短縮されている。（中略）

たとえカジノの劇場が多少大き過ぎたとしても、お袖《そで》（花子）の死の場面は極度の緊張感が満ちあふれ、その死に様たるや劇場全体を恐怖で震えあがらせる程である。そしてそれがまた極く単純に、殆ど自然に演じられる。（中略）

とりわけ花子は子供のような繊細な無邪気さを持った若い乙女、おとぎの国のように何もかもが小さく可愛い少女でいながら、同時に社交界の優雅さを備えた伝統的な女性の面をも持ち合わせている〉（M・モルティエ「日本の舞台芸術」一九〇六年六月二十六日付『ル・プティ・マルセイユ新聞』、『資延版』所収）

大好評のうちに一座は、八日間の幕を閉じたが、フラーはメイン会場のど真ん中、大宮殿《グラン・パレ》の右脇にしつらえたミュージック・ホール「ショー劇場」に舞台をうつした。

抜群の交渉力である。

ロダンとの出会い

明治三十九（一九〇六）年七月十日、ロイ・フラーは、前宣伝のために記者招待の公演を行った。演目は、喜劇「ジンゴロー」――。

名匠左甚五郎《ひだりじんごろう》は、花街《はなまち》をねり歩く花魁《おいらん》に一目惚れしてしまった。大工の身ではとても廓《くるわ》に通う財力はない。彼は、名妓に似せた人形をつくって想いを慰めていた。あまりの執着に嫉妬した女房は、その人形を売ってしまう。そこへ甚五郎が帰ってくる。慌てた女房は、人形になりすまして滑稽なやりとりをするというもの。歌舞伎の「左甚五郎もの」といわれる出し物で、外題《げだい》は「京人形」の抜粋である。

甚五郎の女房と人形の二役を演じる花子の〝人形ぶり〟に、目の肥えた記者たちも爆笑につぐ爆笑。また悲劇「芸者の仇討」で見せた花子のハラキリは、鬼気迫るものがあった。

翌七月十一日に初日を迎え、各紙に載った劇評に「ショー劇場」は大入りの超満員、桟敷席までもが満杯になる大ブレイクをしたのである。

そこに、オーギュスト・ロダンが現れた。

1907（明治40）年のフランスの雑誌『Femina』に掲載された
花子の「ハラキリ」の場面。
（岐阜県図書館蔵）

ロダンをマルセイユに誘《いざな》ったのは、カンボジア宮廷歌舞団の踊り子たちだった。

フランスの保護国カンボジア王国は、国王シソワット一世ら百四十人を越す大使節団を編成して博覧会場に乗り込んだ。六月三十日、その宮廷歌舞団がパリにやってきた。

七月一日、国王らがフランス大統領アルマン・ファリエールを公式訪問したあとエリゼ宮で園遊会が催され、これに招かれたロダンは歌舞団の踊りを見たのである。

七月十日には、ブーローニュの森にある野外劇場「プレ・カトラン」で特別招待観劇会が開かれ、ふたたび歌舞団をみたロダンは、

〈完全に踊りに魅せられて、許可をとって、七月十二日（木曜日）、踊り子たちのパリの宿をおとずれている〉（伊奈美智子「『小さい花子』とマルセイユ植民地博覧会」『地域文化研究』18号、岐阜女子大学地域文化研究所、平成十三年）

筆者の伊奈美智子は、岐阜女子大学教授である。澤田助太郎の『ロダンと花子』をフランス語に翻訳するとき、伊奈は、事実関係に齟齬《そご》があったところから花子の「奥の細道」へと踏み込んだのである。

七月十三日、同じ列車に乗ってマルセイユにやってきたロダンは、博覧会の美術担当者ジョルジュ・ボアにこう語っている。

〈これらカンボジアの踊り子たちは古代のあらゆるもの、我々ヨーロッパの古代と同じ価値

がある彼女たちの古代を見せてくれる〉（一九〇六年七月二十八日付『イリュストラション』、『資延版』所収）

写真週刊誌『イリュストラション』は、マルセイユのカンボジア公邸の庭で踊り子をスケッチするロダンの写真を掲載している。彼は、踊り子に〝首ったけ〟だった。「グランドホテル――現在ノアイユホテル」（『資延版』）に宿をとり、七月十三日から二十日まで滞在。踊り子たちが宿泊する「ヴィラ藤」に、三日間通ってスケッチに熱中した。

〈彼女（踊り子）たちは私が未だ知らない目新しい動きも披露してくれた。それは体全体で起こす震動を足の先まで伝わらせるものだ。その上常に膝を曲げたままにした安定感のある姿勢と、何時でも好きな時に思い通りのフォームで出来る跳躍は、立ち上がりや伸び上がりをも自由自在にさせる〉（同）

ロダンは、〝未知のフォーム〟に興味をもった。そして七月十五日の日曜日、午後。

〈ロダンとフラーの二人は人力車を使って会場を散歩した。この二人の姿を写真家のボド・ウインが撮影しているのを見たという記事が翌日の新聞に載る〉（『資延版』）

この「新聞」というのは、『ル・プティ・マルセイユ』である。

夜九時からはじまるカンボジアの踊りを待つあいだの暇つぶしだった。

歌舞団の最終公演は、七月十八日であった。彼女たちが帰国するとき、ロダンは一緒の船でカンボジアへ行きたい、とまでいって名残を惜しむのであった。

1906（明治39）年、マルセイユのカンボジア公邸の庭園で踊り子をデッサンするロダン。
（資延勲著『ロダンと花子』より）

宮廷歌舞団が去ったあと、ロダンはすることがなくなった。

〈このポッカリと空いた空白の時間が、ロダンにフラーの勧める花子一座の芝居を、思い出させたにちがいない〉(『同』)

七月十九日のことである。

〈フウラアさんの代理者たる興行人が私が余興場の舞台で一幕済まして楽屋へ帰つて来ると、忙《せわ》し気《げ》に這入《はい》って来て、

『花子さん。ロダン先生が御前《おまえ》さんに逢ひたいつて。今御前さんが咽喉《のど》を突いて落入る所作を見て非常に感心なされ、ならば其れを模型《モデル》にして作物《さくぶつ》をしたい心地になつたが、今御自身にしても旅の身で時を持たない。其れで若し巴里《パリ》へ来たら寄つて呉れと仰有《おっしゃ》つた。兎《と》に角《かく》今楽屋へ被入《はいられ》るから御目にかゝるが可《い》い』

と云ふんです〉(「聞き書き(1)」)

とつぜんの訪問者の名前を、花子は知らなかった。

やがて髭をはやした、「汚らしい御服装《おみなり》の」ロダンが、従者ひとりをつれて楽屋に現れた。

花子がていねいに挨拶をすると、花束をくれたロダンは握手をしたあと、

〈一寸其姿《ちょっとそのすがた》を書かして呉れと云ふて私の姿をスケツチブツクにすつかり描いて仕舞つて、有難うございます、あなたを大層喜びますと云《い》ひました〉(「貴重な美術品としてのロダンのモデルとなった岐阜

（「生れのお花さんの話（上）〜（五）」大正十四年一月六日〜『岐阜日日新聞』五回連載。以下「花子の話」とする）

ロダンは、「パリへ来たらぜひ寄って」と、名刺を置いて去った。

花子一座の解散

そのころ、座員と興行代理人とのあいだで賃金交渉が始まっていた。

〈三四日前から屢《しばしば》フウラアさんの代理人に迫つて金の支払を談判しますが、逃げ口上ばかり云つて応じないのです。一同懐中は軽く、外へ出て珈琲一杯のむことさへ叶はないのです〉

（「聞き書き（1）」）

花子の財布も、座員に分け与えてスッカラカンになった。

ショー劇場は大フィーバーしているのに、どうしてギャラが支払われないのか。噂に聞けば、ショー劇場のギャラを受け取ったフラーは、パリで遊び回っているとか。

ついに運命の日、八月六日をむかえた。

座員は、昼の公演にそなえて化粧をしてカツラをかぶり、衣裳も身につけた。

場内は、桟敷席まで満杯である。

「今日も大入りですぜ」と、だれかがいったのであろう。

「くそっ。やってられるかっ!」

ひとりがカツラを脱げば、ひとりは衣裳をなげつけ、化粧まで落としはじめた。さんざん騙された興行代理人の説得などに貸す耳をもたなかった。困り果てた代理人は、

「花子急病!」

と、劇場入口に張り紙をだし、パリのフラーに連絡するのである。

パリ―マルセイユ間は、六百八十九キロ。日本でいえば東京―広島の距離である。フラーが駆けつけたのは、翌八月七日の午後である。

〈フウラアさんは巴里から急行して来ましたが、依然《いぜん》として興行入費の嵩《かさ》みを云ひ立てゝ給金の残金を悉皆払《ことごとくみなばら》ひ(一括給付)しやうとは申しません〉(「同」)

こうなれば一座の解散である。

するとこんどは、フラーが花子と二、三の役者を引き抜こうとした。残りの座員は、花子を抱え込んで離れようとはしない。板挟みになった花子は、

「わたしは、どちらにもお味方できません。どうぞ、これっきりにしてお別れしましょう」

と、応えるほかなかった。フラーは、二年の契約を一瞬にして反古《ほご》にしたのである。

「お徳さん、私と一緒に来なさい」

花子がお徳を誘うと、行くあてのない座員数名が同行するという。

花子は、アントワープにむかった。めざすは、畑中の店だった。

ロイ・フラーと再出発

ドナルド・キーンの文章を再録する。

〈花子は巴里での成功後帰朝するつもりであつたらしいが、誰か卑しい日本人に騙されて、ベルギーのアントワープの女郎屋に入れられた。（大正十年頃、シエルイ氏がこの話をフラー女史から聞いたとき、大層驚いた。「日本の芸者が要るほどアントワープに日本人の乗組員が多いことを夢にも知りませんでした。」）花子はフラー女史に手紙に哀願の手紙を書いて、お金や洋服を貰ってから巴里へ逃げた〉（ドナルド・キーン「鴎外の『花子』をめぐつて」）

ロイ・フラーは、面白いほど「ウソ」をつく。生まれながらの虚言癖か妄想家であろう。実情は、どうだったのか。

〈畑中さんの家で何するともなく二人の日本の女は遊んで居たのです〉（「聞き書き（1）」）

ひと月ほどが過ぎたある夕暮れどき、花子は町へ買い物にでた。明治三十九（一九〇六）年九月の半ばである。

「ハナコ、ハナコ」

と、女の声がした。ヴェールをかぶったロイ・フラーの女マネージャーだった。

「さあ、パリへ行きましょ」と、マネージャーがいう。

「何しに?」と、花子。

「お芝居するのよ、あなたは」

ちかく停めた自動車には、パリへ行ったはずの吉川馨が乗っていた。

「ほかの座員は、つれてこないで」と、女マネージャーがいった。

畑中の家には、花子一座をもう一度立ち上げようする座員が三、四名いた。

「お徳さんだけは、捨てておけないわ」と、花子は説明してお徳を誘いだした。

〈見附からぬやうお徳さん丈《だ》けの荷物を取出し、其れを下げて、以前の場所へ帰り、其の自動車で巴里へと直行しました。まるで活動写真で見るやうな事柄です〉(「同」)

このときの花子の心境はといえば、

〈日本へ帰るには金が足らぬし商売は一人では出来ないからフラ(フラー)のマネジャが逐《お》つかけて来たから、しよう事なしにどうかして旅費を拵《こしら》へよう《ママ》と思つて、今度は決して今までのよ《ママ》うな事はしないと云ふからモー一遍欺《いっぺんだま》されて見よう《ママ》と思つて〉(「花子の話」)

吉川の待つ自動車に乗ったのであった。

パリへ着いてまもなく、花子はフラーの媒酌(こしら)で吉川馨と結婚式を挙げた。

フラーは、花子と吉川、お徳、ロンドンから呼び寄せたふたりの日本人を加えた五人の「花子一座」をこしらえた。契約は、またも二年である。

フラーが書きあげた台本「心中だて（「受難者」）」は、このときに誕生している。

〈私の女の腹切りの血潮がサツト迸出《ほとばし》つて、土間の前側の列の燕尾服《えんびふく》の見物人の胸にかゝつたのを新聞が書立てるなどして、大入大繁昌《おほいりおほはんじょう》でしたが、私は巴里には日本の美術生の留学生の方も大勢被入《はい》るし、こんな芸を見せてはと、初めは可《か》なりフウラアさんと争つたのですが、此の大入を見て為方《しかた》がないと諦めて毎晩続け打ちました〉（「聞き書き（1）」）

クレバン劇場、モデルン劇場といったオペラ座ちかくの小劇場に売り込んだフラーは、ここでもうひと芝居打った。プログラムに載せた花子の芸歴である。

――十二世紀のころ、日本に劇が誕生した。女ばかりの巫女《みこ》で編成された劇団は、風紀を乱したがために男が女を演じるようになった。そこに世界にも稀な市川団十郎という名優が現れた。その芸は、一子相伝《いっしそうでん》であり、襲名したものにしか伝えられない。こうして秘芸は今日に伝わり、二年前に亡くなった十九代団十郎の姪が花子である――。

平成二十五（二〇一三）年二月に亡くなった団十郎が「十二代」であり、現在は空位。つまり東京帝国劇場とおなじく〝十九代〟は、この世には存在しない。女の〝ハラキリ〟だけでなく、でたらめな〝団十郎の姪〟にも、花子は「いくらなんでも」と、抵抗した。

ベルリンの写真館で撮った花子と吉川馨の結婚記念写真。
（ぎふ「ロダン＆花子」の会蔵）

「いいえ、だいじょうぶよ。花子の演技を見たら、みんな納得するわ。絶対に」

と、意に介さないフラーの方針に、〝なすすべもなく〟花子は従うのである。それが当たってしまったから、もう肚《はら》をくくるほかなかった。

ロダンと再会

さてそこでロダンだ。花子をつなぐ手紙が、ロダン美術館の古文書に残されている。

〈ロイ・フラーと一緒にいる小さな日本娘が劇団を率いてブーローニュのカーン邸の庭園で明日踊ります。お出で頂ければ、大いなる尊敬と歓びをもって歓迎されることと確信しております〉(伊奈美智子「『小さい花子』とマルセイユ植民地博覧会」)

若き画商(のち編集者・作家)アンリ・ピエール・ロシェがロダンに宛てた、一九〇七(明治四十)年二月五日付の手紙である。

アルベール・カーンは、ブーローニュの森に日本庭園つきの豪壮な邸《やしき》をかまえる銀行家であった。このとき、ロシェ二十八歳、カーン四十七歳、ロダン六十七歳。カーンは、ロダンの万博パビリオンを支援した銀行家のひとりである。

ロダンは、ロシェから花子の舞台に誘われた。

この手紙を発見・訳出したのは、岐阜女子大学教授の伊奈美智子である。そして永年不明だったロダンと花子の再会の日、明治四十（一九〇七）年二月六日を探り当てた。

カーン邸の公演当日がきた。ロダンが手紙をもらった翌日である。

〈同じ芸題で三ヶ月余り打続けました。此処へ又ロダン先生が御出になり〉（「聞き書き（1）」）というから、ロダンがみたのは、フラー版「心中だて」である。その筋書きは——。

——剣客長吉は、おそでという娘を愛していた。長吉がやってくる日、いたずら心を起こしたおそでは、自分に似た人形を部屋に置いた。なにも知らない長吉は、その人形にプロポーズする。しかし人形は、黙ったまま。業を煮やした長吉は、人形のおそでを殺そうとする。そこへおそでの兄鷲塚が入ってきた。

「妹があぶないっ」と、鷲塚と長吉が斬り合いとなる。驚いたおそではとめに入るが、ときすでに遅し。長吉が斬られてしまう。「しまった」と、鷲塚は自決しようとするが、「いえいえ兄上、こうなりましたのは私がおろか。責めを、おうて私が……」と、おそでがハラを切れば、ドバーっと血が客席にとぶ——。

この「心中だて」は、「芸者の仇討」と「ジンゴロー」の組み合わせとわかるが、この単純な筋立てを迫真の演技で、うるさい評論家たちを感服させるのである。

カンボジアの踊り子の〝未知のフォーム〟に魅せられたロダンは、それと同質の〝動き〟に加えて、異質の〝表情〟を花子に見た。それが死の断末魔だった。

数日後、ロダンの従者が手紙をもって花子を訪ねた。

「今度の日曜日、わが家の昼食にご招待したい。ロイ・フラーとご一緒にどうぞ」

明治四十（一九〇七）年二月十日の日曜日、ロイ・フラーは、花子を自動車に乗せてパリ郊外のムードンに向かった。

〈シエルイ氏は花子とフラー女史と誰か日本の男性と四人でロダンの家でお昼を御馳走になつた。「食事中、会話は云ふまでもなく皆無でした。花子もその男性も、フランス語も英語も一つも分からなかったから、フラー女史だけが時時物を云ひました。彼女は二人の日本人を連れてロダンのムオドンのアトリエを訪れてゐたのです」〉（ドナルド・キーン「鷗外の『花子』をめぐつて」）

ここでロダンの元秘書ルネ・シェルイの、キーンに宛てた手紙が付合する。

同行した日本人の男は、吉川馨であろう。吉川ならば、フランス語も英語も話せるはずだが、ロダンとフラーとの親密な会話のなかに割り込めなかったとも考えられる。

ロダンは、花子にモデルを申し込んだ。鷗外が妄想したように、劇場支配人に命じて呼びつけたわけでも、いきなりヌードを求めたわけでもなかった。しかし小説『花子』は、独り歩きをしてしまう。キーンの英訳がアメリカで出版されなくて良かったわけである。

〈其代りフラにもお前にも自分の造つた塑像を一つ宛《づつ》遣《や》ると云ふた。（中略）先方から云はれたを幸に、承諾した〉（「花子の話」）

吉川に通訳された花子は、ちゃんとロダンの話を理解している。

〈其れからロダン先生の御仰《おおお》せのまゝ、其の模型《モデル》になりました〉（「聞き書き（1）」）

そのころロダンは、パリ市内のユニヴェルシテ街に仕事場をもっていたが、花子の塑像はムードンのアトリエで行われた。フラーは、毎日、自動車で送迎してくれた。

午前十時にアトリエに入ると、ロダンは十二時までに三十分間ぐらいしか仕事をしない。それが済むと、花子とフラーをひきつれてレストランで昼食をとる。それから午後三時ごろまでに三十分ほど仕事をするのだが、

〈ロダンさんは煙草《たばこ》も酒も喫《の》まぬが私が煙草を喫むから、良い煙草を買つて火を着けて花子々々と云ふて私の口へ持つて来て呉れる、煙草を喫んで仕舞ふと、お茶を出して呉れます、私は帰つて来なければ芝居に差支《さしつかえ》るから午後三時頃には帰つて来る〉（「花子の話」）

ロダンが花子に求めたポーズは、断末魔の表情であった。ところが、

「アナコ。ノー、アタン、アタン。（花子。ダメ、ちょっと、ちょっと）」

ロダンは、粘土の目玉にヘラを突き立て、完成まぢかの塑像を崩してしまう。

花子は、鏡のまえで断末魔の表情をつくってみる。そしてポーズをとる。

〈どうしても眼が出来ないと云つてロダンさんも怒る、私も怒る、（中略）始め芝居で見た

時の眼と違ふ云つてロダンさんが承知しない〉（「同」）

「ああ、ファチゲー（疲れた）」と、花子。

彼女の生活はしかし、ここから激変する。

〈先生の御贔屓の御手引きで仏蘭西の有名の《ママ》美術家の方や貴婦人や、其れから時の政治舞台の有名な方に御目に懸《かか》ることが出来て、其れから其れへと御招きに預かりまして私は真実《まつたく》巴里の花のやうな貴婦人の生活を知り、私も未だ若かつたものですから、殆ど夢のやうに、華やかな其の日〳〵を送ることが出来ました〉（「聞き書き（1）」）

花子は、一ヶ月ほどオランダの劇場にでることになった。

ロダンと内妻ローズ・ブーレ

ロダンと花子の関係は、ロダンの内妻ローズ・ブーレを抜きには考えられない。花子は、彼女の信頼を得たからこそ、家族の一員として迎えられたからである。

ロダンがムードンの丘のうえにあるヴィラ・デ・ブリヤン、通称ロダン邸に住むようになったのは、一八九七（明治三十）年、グラン・ゾォギュスタン街の日当たりの悪い家にいて、仕事に疲れを覚えるようになってからだった。詩人リルケは、こう書いている。

〈家（ルイ十三世式の高い屋根を持つ二階建てのヴィラ・デ・ブリヤン）自身は小さなもので、それ以来建てひろげられていません。しかしながら今度は、その快活な活動であらゆる出来事に参加する庭園がありました。そして窓の前には遠い景色がひろがっていました〉（リルケ、高安国世訳『ロダン』岩波文庫、昭和十六年）

庭園には、おびただしい数の彫刻がひしめきあい、パリ万博のときにアルマ橋の畔に建てたパビリオンも移築されて仕事場になっていた。壁には、モネーやゴッホといったサインを見るまでもない作品が掛けられていた。その片隅に机を置いたリルケは、二年まえの一年間だけロダンの秘書をしていた。

母屋でともに暮らしているのは、ローズ・ブーレと愛犬ラダである。厩舎《きゅうしゃ》には、自家用馬車の馬が、鶏小屋にニワトリが、牛舎には乳牛も飼われていた。

朝十時ごろになると、ロダンは、ローズにつき添われて食後の散歩を愉しむ。彫刻の足許には、野草が生えていた。ロダンは、自然のままを好んだ。野草の葉にとまった巻貝にギリシャ彫刻の原点を見、買い入れた仏像に精神性を感じる。

マロニエの林をぬけて丘の端にでると、遠くを流れるセーヌ川と周りの田園風景が俯瞰《ふかん》できた。手前の谷間を、黒々と煙を吐く汽車が走っている。パリまで四十分——。

ふたりが知り合ったのは、四十三年まえだった。そのころロダンは、彫刻家を夢見る二十四歳の建物の装飾職人だった。ローズは、二十歳。既製服屋の縫い子をしていた。

一八六五年ごろの作品に、「花飾りのある帽子をかぶった若い娘」がある。

顔の小さな、瞳の大きな長い髪をした普段着の少女は、初めてのモデルに緊張している。わずかに開いた唇からぎこちなく二本の前歯を覗かせ、育った環境のせいか、それとも不安のせいか、どこか寂しげな雰囲気を漂わせている。バラの花飾りをつけた帽子はしかし、彼女の胸のときめきを物語っているかのようだ。

このモデルが、ローズ・ブーレであった。のちのロダン作品とは趣を異にしているが、職人技として非凡な力量を窺わせ、懸命にアカデミズムに倣《なら》って仕上げている。

それにしても、ふたりは貧しすぎた。

〈このほとんど文盲の若い女性は、おそらくロダンが最初に手に入れた恋人だった。以前は馬小屋だったル・ブラン街のアトリエが、彼らの住いとなった〉（モニック・ローラン、高橋幸次訳『ロダン』中央公論社、平成元年）

ローズは、未婚のままロダンの男児を生み、縫い子をしながら独力で育てた。粗末な住居兼アトリエには、つくりかけの粘土像がころがっていた。ローズは、これら未完成の作品が乾燥しないよう、濡らした布をかけて管理する仕事をまかされていた。

ある冬の朝、それらを凍らせてしまい、氷解してドロドロに溶けて叱られたこともあったが、それはしかし、嬉しい、しあわせの日々でもあった。

一八八三（明治十六）年、ロダンの新しいフォリ・ヌーブル街のアトリエに、十九歳の女性カミーユ・クローデルが弟子入りした。四十三歳だったロダンは、この美しく才能にあふれた弟子に熱中して半ば同棲した。一八九七（明治三十）年にムードンに家を買ったのは、ローズ・ブーレが倒れたのが直接の原因だったが、ロダン自身も健康に不安を抱えるようになっていた。カミーユとの関係はつづいていたが、ローズはやっとロダンを取り戻したのであった。

しかし、ロダンの周辺には、つねに新しい女たちがつきまとった。ロイ・フラーもそのひとりであったし、イサドラ・ダンカンもそうであろう。とりわけ厄介なのは、ショワズール公爵夫人であった。アメリカ生まれの彼女は、ロダンの作品を売るビジネスのうえで才能を発揮し、邪魔者をつぎつぎにロダンから遠ざけた。旧《ふる》くからの職人の多くが去り、リルケが秘書を辞めたのも、彼女の策略だったといわれ、修業時代のブールデルもそうだった。ローズは、こうしたロダンの陰で家政婦のように暮らしてきた。

花子がロダンを訪ねたのは、そんな内紛をかかえた時期であった。

オランダから戻った花子は、パリ周辺の劇場にでていた。公演の合間をぬっては、迎えの馬車に乗り、ムードンのアトリエにやってきた。

ロダンは、薄汚れた麻の仕事着を僧衣のように足まで垂らしていた。もじゃもじゃにはやした髭と、近視めがねの奥の、鷹のように鋭い目がアトリエの空気を威圧する。そんな厳粛な雰囲気も、花子が「ファチゲー」と音をあげると、作業が終わってしまう。

舞台で演っているときは、三分や五分はおなじポーズがとれるが、三十分はむりである。

〈夫《それ》では少し休まうと云ふのでポケットからチヨコレートを出して、私を椅子に掛けさせて、自分は小さな腰掛けを出して夫《それ》に腰を掛け、下から私の顔を眺めてチヨコレートを半分自分に喰つて、残りの半分を私の口へ入れて呉れまして、私の手を撫でたりして私の機嫌を取つて呉れ、ボーイに云ふて遣《や》つてコーヒーを飲ましたり、煙草を呉れたりして、機嫌を取り〱十分か二十分宛《ずつ》遣るのです〉（「花子の話」）

そして、ついに完成した。

〈其時《そのとき》に奥さんも呼ぶ職人も呼んで「トリビヤ花子〱」と云ふて大喜びでありまして、奥さんは私がヘトヘトになるほど接吻しました〉（「同」）

「おー、トレビヤーン、トレビヤーン。（おー、上出来、上出来）」

歓声をあげたロダンは、アトリエのすべてのカーテンを引いた。火をつけたローソクを何本も、仕上がったばかりの塑像の周囲に置いた。

完成したのは、眉間にシワをよせ、まなこを剥《む》いて悶絶《もんぜつ》する「死の顔」だった。

「花子、この顔だけは、だれのモデルにもならないでくれよ」と、ロダンがいった。

ローズがもってきたワインを抜き、塑像を囲んで乾杯する。

そして花子一座は、南フランスへと旅立つのである。

高級保養地ニースやモンテカルロで公演すれば、上流階級の贔屓筋ができて来期の予約が入るという人気ぶりの花子は、スターへの階段を着実に登っていた。帰途、スイスに立ち寄ってパリに帰着すると、〈テアタアデザァ（テアトル・デ・ザール「芸術劇場」）へ懸《かか》つて〉（「聞き書き（1）」）一ヶ月のロングランが待ちうけていた。ついにパリの看板女優になっていたのである。

花子、ニューヨークへ

ロングランをつづける「テアトル・デ・ザール」の花子を、じっと観ていた老優がいた。
アメリカの俳優アーノルド・デイリー（一八二五～一九二七）である。
「ぜひ、ニューヨークの自分の劇場に出演してほしい」と、彼はいった。
まさにトントン拍子だった。ロイ・フラーは、
〈あの大成功の日以来、ハナコはブームを巻き起こしていた。どこの町でも、上演回数を倍増させなければならなくなり〉（ロイ・フラー『回想録』）
と、再出発後を語っている。

アーノルド・デイリーと二ヶ月の契約した花子は、客船もホテルも特等室を用意される身分になっていた。わずか一年のあいだに、人生がすっかり変わったのである。

明治四十（一九〇七）年十月八日、花子はニューヨークに着いた。

〈翌日の新聞の見出しに「豆形の日本女優来米」とあり、……二十六歳で、目方はちよつきり七十ポンド（三十二キロ）身長は四フィート（一、二二米）もない。横浜のミュージック・ホールのゲイシャ・ガールから華国のベルンハートの身分に昇つた」と出てゐた。記者たちは、どちらがいい、巴里かニューヨークかと聞くと、花子はブロークン・イングリッシュで、Broadway much betterと答へたさうだ〉（ドナルド・キーン「鷗外の『花子』をめぐつて」）

「華国」はフランス。「ベルンハート」は、サラ・ベルナールである。

花子一座のニューヨークでの出し物は、ロイ・フラー作「吉原に於ける悲劇」だった。

〈日本の芝居は勿論、日本のことなど何も知らない女史に純粋な「日本劇」を書く手腕があつた〉（「同」）

花子は、高級ホテルからデイリー劇場に通ったほかは、アメリカ公演について語っていない。語るに足る心地良いエピソードがなかったのである。

ドナルド・キーンは、アメリカの新聞記事をいくつか拾っている。

〈ニューヨークでも大した成功を収めた。「大観衆は三十二分間花子女史以下の日本人の役者たちに呪縛された。「吉原」と云ふ悲劇は非常に面白いが、私たちの開いてゐない耳にとつて日本語のせりふは犬の喧嘩にそつくりだ。」もう一人の批評家は「役者たちの早口の日本語は猿の鳴き声のやうに聞える。それにもかかはらず、役者たちの顰《しか》め面や手真似は大変分り易くて、耳で分らなくても眼で「吉原」の筋が容易に飲み込めた。」当時の一番人気のあるアメリカの詩人は「花子の背中にも表情がある。」と発言した〉（同）

当たりはとったが、誉めているのか貶《けな》しているのかわからない複雑な論調である。

〈アメリカの地方の批評家はもつときびしかつた。「受難者（心中だて）」を酷いものとして扱つて「男子の役者はゴリラのやうな顔で、花子ほど見苦しい女性は居らず、幸ひ小人だ」等々書いている《ママ》。「花子の竹馬の下手な踊りや不恰好なおどけを見ると、彼女と他の三人の役者は檻の中の、老衰はしてゐるが、まだづるい猿を思ひ出させる」と〉（同）

キーンは言及していないが、「猿」や「ゴリラ」は、「ジャップ」とおなじく日本人の蔑称である。日露戦争後、満州の権益にアメリカの介入を拒んだ日本は、仮想敵国になっていた。しかも花子訪米の前年には、排日運動が盛り上がりはじめた。

これでは贔屓筋ができるわけがなく、花子も印象を語る気にもならなかったのであろう。

それでもアーノルド・デイリーは、再度のアメリカ公演を約束したのである。

〈然《そ》うして二ヶ月の後は再び欧羅巴《ヨーロッパ》行の大西洋の汽船の一等室に居りましたが、行く時五人の俳優は三人しか居りません。其れはお徳さんが、一座の諸岡と云ふ人と汽船へ乗込む前の晩に出奔《しゅっぽん》して了《しま》つたからです〉（「聞き書き（1）」）

やられた、というおもいと同時に、花子はお徳をゆるした。忌まわしい思い出のつまったフランスから遁れるために、男をともづれにした気持がわかるのである。

同年十二月、パリに戻った花子は、すぐさまロンドンから「黒須」という男優とその娘を呼び寄せるよう手配した。

明治四十一（一九〇八）年一月、花子の夫吉川馨が血を吐いた。

風邪ぐらいにおもっていた咳《せ》き込みは、医師の診断では初期の結核だという。

花子は、「入院して養生すれば、ご主人は楽になりますよ」と、医師に勧められた。

「入院したら」という花子のことばに、吉川は頷《うなず》かなかった。自分がいなくなれば、その瞬間から花子は言語を失う。のみならず、役者も足りなくなる。内輪のやりくりがわかるだけに、吉川は投薬だけで治療することにした。

花子がロダンに宛てた、一九〇八（明治四十一）年一月十八日付の手紙がある。

〈「拝啓　あなたのお手紙を今日やっと受けとったばかりです。と申しますのは、その手紙をあなたはこの前の月曜日の十三日に書留便として発送して下さったのですが、その手紙は二、三回レティロ市の方へ運ばれてしまって、それを又、郵便局へ返送されてしまい、それから今日まで放置してあったのです。

また、これよりも前にもお手紙を下さったよしですが、これ以外は見ていません。お手紙が、御期待通りに以前に着かなかったことを残念に思います。

ロダン様！　又、パリに着いたことをお知らせしたあとで、お会に行きたいと思っていましたが、私はしばらく病気でしたので、すぐにはお目にかかれませんでした。今度の月曜日二十日の十一時にお目にかかり度く、お元気でいらっしゃることを望みます。敬具。ハナコ」

英語〉（澤田助太郎『ロダンと花子』所収）

ロダンは、花子のスケジュールによって制作日を決めていた。ニューヨークから帰ってフランス国内の巡業に出、連絡がとれなくなった花子を追ったロダンの手紙への返信である。病気というのは、おそらく吉川のことだろう。

そんなころ川上音二郎・貞奴夫妻は、ロイ・フラーの手配で「レジャン劇場」に出ていた。川上一座の第三次欧州興行である。花子の「聞き書き」には、〈御出《おい》でになりました〉とあり、会ったとは語っていない。つぎの内容から歓談したことが窺える。

〈英国のロンドンへ来てサボエシヤター（サヴォイ劇場）で初日を出した、そうすると川上貞奴を抱《かか》へて居る奴が私を抱へに来た、ローイフラと云ふアメリカ人でヨーロッパでフワイヤーダンス（火の踊）を発明した女で、之が貞奴を抱へて金を払はないで非常に苦しめた奴であります〉(「花子の話」)

一九〇五(明治三十八)年のサヴォイ劇場で初対面のときは、まさかフラーが契約違反の常習犯だったとは、花子は知る由もなかった。デンマークから北欧を巡り、マルセイユで一座が解散に追い込まれて初めて、フラーから苦汁をなめさせられたが、それと同じ体験を、パリのレジャン劇場に出ていた貞奴から聞かされたと、「花子の話」からわかる。ちなみに花子が四十歳、貞奴が三十七歳、川上音二郎が四十四歳だ。

ふたりの女優の芸歴は似たようなものだが、音二郎は、政財界をうごかして東京に帝国劇場の設立に奔走。大阪にも本格的な女優学校を併設した帝国座の建設をすすめていた。彼らにとって最後となる今回の訪欧は、劇場の視察と資金稼ぎが目的だった。

川上一座がパリにきたのは、前年(明治三十九年)八月。そのあいだ花子は、南フランスを巡業し、パリに戻ったら慌ただしくニューヨーク行きである。

花子に寸暇が得られたのは、ロダンと会ったあとであろう。花子が、「レジャン劇場」に川上夫妻を訪ねたのである。そこで、

「フラーはお金に汚いから、用心にこしたことはないわよ」

と、貞奴の助言を聞き、『自伝音二郎・貞奴』に書かれたような音二郎の語るフラー像に納得したにちがいない。花子の「聞き書き」に川上夫妻が登場するのは、この場面だけである。

このあと花子一座はベルリンからウィーンへの巡業に出、川上一座は四月に帰国の途につくのである。花子は、ある決意を心に秘めていた。

明治四十一(一九〇八)年三月十三日、花子は、ベルリンからロダン宛に葉書を書いた。

〈「現在のところ、ベルリンでは私は大いに成功しています。そして大へん忙しいです」英語〉(澤田『ロダンと花子』所収)

〈「すぐにあなたにパリで会いたい!! ああ、私は、決して忘れない(で下さる)あなたのお手紙に接し、何とあなたを愛することでしょう」三月十七日付。ベルリンより〉(『同』)

三月二十二日には、「先日はご親切なお手紙をありがとうございます。あなたと奥様がご健勝と承り、大そう嬉しく存じます。ベルリンで私は大成功しています。来月はウィーンへ行きます」と、ロダンに報告している。

アメリカの新聞『モーニング・テレグラフ』のウィーン特派員は、「マダム・ハナコ、ウィーン中の人気をさらう。日本の女優ベルリンでの成功を再び繰り返す」といった見出しをうち、そのフィーバーぶりを報告している。

〈「彼女のベルリンでの成功も、一カ月にわたり芸術家や文芸家達の話題になったことを考えると、相当のものがあったが、彼女が当地で受けた歓迎と、口を揃《そろ》えて褒めている新聞の批評から判断すると、当地での成功は更にそれを上廻《まわ》るものとなりそうである」〉(『同』)

褒貶《ほうへん》半ばしたアメリカでも、ウィーンにおける花子の人気を無視できなかったのである。

天覧芝居

明治四十一（一九〇八）年六月三十日、花子一座は、チェコのカールスバート（カルロヴィ・ヴァリ）へ午後二時ごろに到着した。開演は、この日の夜だった。

カールスバートは、ヨーロッパの王侯貴族をはじめ、ゲーテ、シラー、ベートーヴェン、ゴーゴリ、ショパンなどの芸術家が訪れた高級温泉リゾート地である。駅から古びた町並みを馬車にゆられて劇場にむかう道すがら、そぞろ歩きの貴婦人たちの姿が目についた。

花子がロダンに宛てた七月一日付の手紙がある。

〈「お暑くなってまいりましたが、すべてがうまくいっていることを願っております。私はいま、カールスバートにおりますが、巡業をつづけます。マダム花子」英語〉（澤田『ロダンと花子』所収）

舞台は、三日目である。羽根の扇子をゆらす貴婦人がエスコートされてやってくる。

〈私が劇場へ這入《はい》つて往くと劇場支配人が楽屋口で私を迎へて呉《くれ》て。

「マダム、花子。皇帝が今夜貴女《あなた》の劇を見物に御臨幸《ごりんこう》になるから其の心算《つもり》で」

皇帝が此の避暑地の離宮に被入《はいられ》ることは兼《かね》て聞いて知つて居たので、前夜、前々夜と見物客に高貴の人が多く、土地の新聞が種々と劇評に加へて書いて居たんでした〉（「聞き書き（1）」）

中央ヨーロッパを支配するオーストリア・ハンガリー帝国の皇帝フランツ・ヨーゼフ一世である。幕が開くと、皇帝が侍従と二、三の貴婦人をつれて臨御された。

満座の客は、いっせいに立ち上がって皇帝を迎えた。

舞台には、喜劇「おたけ」の大道具がセットされていた。

――武士の家の娘キミ子に雇われた女中おたけ（花子）には、郷助（吉川馨）という恋人がいた。またキミ子にも、マツオという婚約者がいる。

女主人キミ子の留守中、キミ子のきれいな衣裳に見惚れたおたけは、それを身につけて楽しんでいた。そこへマツオがやってきて、「キミ子さん、あなたはタダスという男と浮気しているのではないか。先日、親しそうに話しているところを見たよ」と、うたがう。

キミ子の衣裳を身にまとったおたけには、応えようがない。いったん部屋をでたマツオは、花束を持って再び現れる。キミ子になりすましたおたけは、受け取るすべもない。悲しみに打ちひしがれたマツオは、またも部屋をでると、刀を持って現れる。

「どうなんだ」とつめよるマツオに、またも黙《だんま》りをきめこむおたけ。

「ならば、ひと思いに」と、切りつけるマツオの刀をひらりと身をかわすおたけ。

「うぬっ、今度こそ」と、刀をふりあげたところへキミ子と郷助が帰ってくる。

「あははは……」と、大笑いしたおたけが郷助の両腕に身をなげかけると、おたけを抱いた郷助が尻もちをつく。マツオは、呆然とたちすくむ——といった按配《あんばい》である。

この花子一座オリジナルの「おたけ」は、「小さい日本人」と改題して英国人ばかりの一座でも英語で演じられ、好事家《こうずか》のあいだで有名な出し物になっていた。

喜劇が終わって十五分間の休憩。そして悲劇「ハラキリ」の二幕である。

髪をザンバラにした花子が、ドバーっと血しぶきを客席に飛ばし、断末魔を演じる最後までご観覧になった皇帝は、至極ご満悦の様子。割れんばかり拍手が沸きあがり、歓声の嵐のなかを花子が舞台から深くお辞儀をすると、にこやかに手をあげて応えた皇帝は、若い貴婦人に持たせた花束を手渡してくれた。それがどれほど凄い出来事だったことか。

翌日の地元の新聞はもちろんのこと、ウィーンの新聞までもが報道した。ベルリンでは、巻たばこ「ハナコ」が、オーストリアでは、「マダム・ハナコ」と命名した最高級リキュール酒「ベネディクティン」が売り出された。リキュールのボトルには、色刷りにした花子の顔がラベルに貼られるほどの人気を、雑誌メディアも放っておかなかった。

THE ORIGINAL OF "A LITTLE JAPANESE GIRL", "OTAKE," AT THE LONDON HIPPODROME. MME. HANAKO AS OTAKE, AND MR. YOSHIKAWA AS GAUSHITSHI.

A BRILLIANT JAPANESE ACTRESS REPEATS HER CONTINENTAL SUCCESS AT THE HIPPODROME: MADAME HANAKO.

The great Japanese actress, Madame Hanako, who had such a favourable reception on the Continent, began her London season at the Hippodrome on the 20th.

ロンドンのヒッポドゥロウム劇場で「おたけ」を演じる舞台写真。
（ぎふ「ロダン＆花子」の会蔵）

花子、ヌードに

明治四十一（一九〇八）年七月十五日、大成功をおさめた一座は、ロンドンに引き揚げた。

花子がパリに戻ったのは、七月の末である。

北駅には、ロダンとローズ・ブーレが馬車で迎えにきていた。吉川馨は、ロンドンに残った。ロダンの手紙を翻訳し、花子の代筆をした吉川は、ロダンがどれほど花子を待ちわびているかを知っている。だが吉川には、なによりも養生が必要だった。

〈私は興行が休みになるとパリー郊外のロダンさんの本宅へ行つて厄介になる事になつて居ました。丁度夏休みの時だと思ひます。今の「死の顔」のモデルになつて居る時、何時《いつ》までも動かずに居《お》れないので疲れが来ると眼を動かしたり何かするのですから、ロダンさんは私の手を引いて奥さん等《ら》と一緒に庭園をフラ〳〵と散歩する事が時々ありました。其時《そのとき》私が草の中に坐つてポカンとした顔をして居《い》るのを見て、ロダンさんがブックを持つて来て、今のよ《ママ》うな格好をして居《お》れと云ふと、夫《それ》をブックに書いて「空想に耽《ふけ》る女」と云ふ顔を拵《こしら》へると云つて、夫《そ》れから昼前は「死の顔」を拵へると、午後からはポカンとした奴「空想に耽る女」です〉

（「花子の話」）

ロダンがパリへでるとき、花子はついて行った。

ロダンは、ビロン館を政府から借りたばかりだった。元秘書のリルケが見つけてきたもので、植え込みと小径《こみち》の境界がどこだかわからないような雑草の屋敷に、古色蒼然とした建物が建っていた。ロダンは、その一階の二部屋を借りていた。

ビロン館では、すでにイサドラ・ダンカンがダンス教室を開いていた。画家のマチスがアトリエをもち、詩人ジャン・コクトーも住人のひとりだった。

ロダンの部屋は、旧い時代からある床張りのアトリエだった。

〈或時《あるとき》に白人の美しい女が来ました。夫《それ》を台の上に裸で寝させてロダンさんは低い小さい椅子に腰掛けて、私にも座蒲団のようなものを持つ《ママ》て来て私を乗せて紙と鉛筆を呉れまして、お前も此《この》寝姿を書いて見よと云ひました〉（「同」）

スケッチをしたことがなかった花子は、いい加減なものを描いた。

モデルが帰ったあと、ロダンはそれを見て笑った。花子の頭にキスしたあと、

「裸になってくれないか」と、ロダンがいった。

「イヤです」と、花子は断った。鷗外の妄想通りにはならなかったが、

〈其晩《そのばん》ロダンさんと本宅へ帰りましたらとう〳〵奥さんから私に、花子さんどうぞ〳〵と書かせて呉れと手を合せて頼みますから、私は奥さんもパリーへお出《い》でなさいと云ふと、奥さ

んが私はアトリーへ行った事がないと仰せ（で）ある、奥さんは本統《ほんとう》の奥さんでなく「ハウスキーパー」らしいと思はれました〉（「同」）

花子の目にも、ローズが正式な妻ではないように見えたのである。

「どうか、あなたの裸を描かせてあげて」

ロダンに説得を頼まれたローズは、手を合わせて幾度も懇願した。

「パリのアトリエにおいでになって、奥さんがご一緒ならばいいですわ」

「私、アトリエには行かないから、ここではどうかしら……」と、ローズ。

しばらくして不承不承、腰巻き姿になる花子——。

ローズの目が（あと一枚。おねがい、アナコ……）と訴える。

ローズを立てる花子のこのやりとりが、ローズに好感を与えたのである。

ローズ・ブーレは、市内のアトリエに入るのをロダンに止められていた。ムードンを訪れる客にすら、紹介されなかった。田舎出の、耐える女だったローズはしかし、ムードンに近づく女たちには牙を剝いて追い返した。そんなローズの説得に、花子は頷いたのである。有名になるためならば体当たりしてくる女が多いなかで、〝花子は別〟という心証をローズに与えたようである。

ヌードになったときのポーズを、花子はこう語っている。

〈仕方なしに裸になつて、斯《こ》う云ふ風に片手を頭部へ乗せ、片手を前（陰部）へ当て、斯うやつて居る（仕方を示す）処を一つ書かせました〉（「同」）

この「花子の話」を書いた『岐阜日日新聞』の記者には、そう答えるのだが——。

このときのポーズは、高村光太郎訳、高田博厚・菊池一雄編『ロダンの言葉抄』（岩波文庫、昭和三十五年）所収の「ポール・グゼル筆録」のロダン証言を見ると、

〈日本の女優のハナ子を試作した事があります。この女にはまるで脂肪がない。彼女の筋肉は、フォックステリアと呼ぶ小さい犬の筋肉のように、はっきりと見えて出ています。その腱《けん》の強い事といったらその附着している関節の大きさが四肢の関節と同じくらいなのです。彼女の強壮な事は、一方の脚を直角に前方へ上げて一本の脚だけで自分の好きなだけ長く立っていられるのです。まるで木のように地面へ根を張っているようです。ですから彼女はヨーロッパ人の解剖組織とは全然違うものを持っているのです。それでいてその奇妙な力の中に立派な美があります〉

モデルになった花子は、舞台とおなじ動きをしている。

森鷗外の小説『花子』が発表されるのは、花子がヌードになった二年後である。

〈「マドモアセユは実に美しい体を持つてゐます。脂肪は少しもない。筋肉は一つ〳〵浮いてゐる。Foxterriers の筋肉のやうです。腱がしつかりしてゐて太いので、関節の大さが手足

の大さと同じになつてゐます。足一本でいつまでも立つてゐて、も一つの足を直角に伸ばしてゐられる位、丈夫なのです」〉（『鷗外全集　第七巻』）

高村光太郎の『ロダンの言葉抄』は、ロダンの周辺にいた芸術家やジャーナリストが書いたロダンの言行録を、高村光太郎が抄訳したものである。

だが、ポール・グゼルがロダンに「筆録」を申し出たのは、一九一〇（明治四十三）年五月であった。翌一九一一（明治四十四）年には、グゼル編『芸術』を出版している。こうした経緯から察するに鷗外は、グゼル筆録以外の、雑誌か新聞の記事によってロダンの言葉を知ったのであろう。いずれにせよ、鷗外の、ヨーロッパの情報に乗り遅れまいとする姿がおもい浮かぶ。

このヌードの一件があってから――。

〈本統《ほんとう》に可愛くなつたかどうか知りませんが〉（「花子の話」）、花子は、ムードンの離れの二階の部屋を与えられた。かつては、リルケが寝泊まりしていた部屋である。花子は、家族の一員に加えられたのである。

ロダン邸の生活

ロダンの家には、ラダという犬が飼われていた。いつもロダンにつきまとっていたが、花子が寝るときには、ロダンとローズがつれてきて、「よく見張っているんだぞ」と、言い聞かせて置いてゆく。

忠実なラダは、寝台の靴脱ぎのマットのうえで横になり、夜風にガラスが鳴っても窓辺に前足をかけて外のようすを窺うのである。

朝になると、真っ先にロダンが現れた。

「ボンジュール、花子。良く眠れたかね」

そのあとすぐに、下女がお茶をもってくる。

ロダン家の朝食は、意外と質素だった。店で買ったものはパン粉ぐらいで、ベーコンなどの肉類はなく、タマゴやミルク、野菜などはすべて自家製である。

〈ロダンさんはお金は奥さんに渡さず皆御自分で持っていらしやる、（中略）私のバスケットに金がないと腰から鍵を出して二階へ行ってお金を持ってきて呉れました〉（「花子の話」）

朝食のあと、ロダンとローズ、花子の三人が庭園を散歩すれば、ラダがじゃれながらついてくる。花子が紅茶についた角砂糖をとっておいて馬小屋の馬に与えると、これが良く花子になついた。散歩のあと、ロダンは花子をモデルにして制作にかかる。

ロダンがパリ市内の仕事場にでるのは、いつも午後だった。

〈一方、ビロン館の庭は、イサドラ・ダンカンの弟子たちの楽しげな舞踏で活気づいた。ロダンは上機嫌であった。彼のまわりには肉体が乱舞していて、彼はそれを研究した。モデルの女たちは彼の生活をよぎりつづけ、ロダンはというと、充分な敬意を払われて幸福で、しばしばそれらの魅力に負けた。彼が牧神だという評判が広まってゆくことになる。しかし他にどうなるというのだろう？〉（モニック・ローラン、高橋幸次訳『ロダン』）

　ここにいう「牧神」とは、音楽と芸術を愛する〝好色な男〟をさすのであろう。ビロン館のロダンは、さながら女に囲まれた牧神のようだった。

　そんな時期のことだ――。

　ムードンのロダン邸の二階に書庫があり、沢山の絵や本があった。

〈日本の古い軸や絵本や、支那の絵本や枕草紙などが大きな部屋に一杯積んである、或時にロダンさんが花子も来いと云つつ私を連れて其《その》部屋へ行つて沢山の本の内から日本の名所づくしの絵本を出して退屈であらうから之を読めと云つて貸て呉れました。自分の部屋へ行つて其《その》本を繙《ひもと》いて見ると中には支那や日本の春画が沢山挟んであつた、斯《こ》んなものを貸して呉れたのはどう云ふ積もりだらう、斯んなものを返したら先生が面目なかりはせまいか、さうかと云つて読んで見ないと云つて返す訳にもいかず、奥さんに返すと亦《また》変に思はれても困る……〉（「花子の話」）

　「名所づくし」は、日本の観光案内書である。無聊《ぶりょう》を紛らすためにロダンが貸してくれたその本に、春画が挟んであった。花子は、ほとほと困惑した。

春画に顔を赤らめる花子ではなかったが、ロダンの内意は薄々感じとれる。しかし、家族同然に受け入れてくれたローズ・ブーレを裏切るわけにもいかないし——と。

二週間ほど部屋の書棚に放置しておくと、ある朝、ロダンが慌てて部屋にやってきた。

「花子、花子。アタン、アタン」

といいながら、ロダンは書棚をさがす。そして探し当て、

「見たか、見たか」と、花子に問う。

〈私は見ないと答へると「ボン〳〵（良かった、良かった）、パドン〳〵（すまん、すまん）」、「宜《よ》かつた〳〵御免なさい」と云つて出て行く姿の面白さと云つたらなかつた。私は一人で笑ひ崩れました〉（同）

気弱な牧神は、小さな女神の気転に救われたかっこうだった。

花子の部屋の窓辺に、イチジクの木が枝を張っていた。風のある夜はガサゴソとガラス窓を鳴らした。その緑色の実が、赤紫に熟すころに夏がおわる。そして初なりのイチジクの実を添えたローズ・ブーレの手料理を食べた花子は、お決まりの巡業にでるのである。

捨てる神あれば

明治四十一（一九〇八）年九月。花子の脳裡《のうり》に、フラーとの決別のおもいが過《よ》ぎった。

〈フウラアさんとの契約は二年でしたので、其れから瑞西《スイス》国の諸所の街を廻つて墺太利《オーストリー》から南独逸《ドイツ》へ這入りミユンヘン市、其れから景色の美くしいチロルの街へ〉（「聞き書き(1)」）

あまり公演先の風景を語らなかった花子にしては、めずらしくチロルの街を「美しい」と表現している。闘病中の夫吉川馨と一緒に歩いたのであろう。ふたりのうしろ姿が一枚の水彩画のような感傷を誘う。契約切れを待って夫を日本へつれて帰ろうと、一瞬、花子の脳裡に閃《ひらめ》いたのではなかったか。そんな名残を惜しむ後姿を連想させる。

十月、ロンドンにもどった花子一座は、フラーとの契約が切れた。ふたたび独立するか、それとも帰国か。なによりも吉川の病状が心配だった花子は、契約を更新しなかった。だが花子には、ニューヨークの老優アーノルド・デイリーとの約束があった。

花子がロダンに宛てた年賀状がある。

「ムッシュー　A・ロダン　あなた様と奥様の本年のご多幸をお祈りします。私はセドリック号に乗ってニューヨークに到着したところです。花子」一九〇九年一月一日有終の美を飾るおもいで臨んだ公演はしかし、大失敗に終わった。

〈フウラアさんの代理人が芝居の小道具や衣裳を送るのを遅延《おくれ》さし、其の為め紐育《ニューヨーク》に有合《ありあわ》せの日本衣裳や小道具でやつたのですもの無理はありません〉（「同」）

ロイ・フラーは、契約を延長しなかった花子に〝足払い〟を喰らわせたのである。

これにも、前科があった。『自伝音二郎・貞奴』を引用する。

〈本野（一郎）ベルギー公使からの招待で、ベルギー公使館へ赴く約束があるので、道具幕《シナリー》や其の他の道具を、あっちへ持って行って使えるように準備してくれと、フーラーへくれぐれも頼んでおいたところが、出立の前晩《まえのばん》になっても、みんな知らん顔……〉

慌てた音二郎は、座員を総動員して荷造りをした。フラーが川上一座の荷物を放置したのは、契約更改のもつれが原因だった。花子の場合も、契約の更新をしなかったのを根に持ったのであろう。そこでフラーは、意趣返《いしゅがえ》しをしたのである。

フラーとの契約が切れても、ロンドンには興行師セーリキ・ブラフという実力者がいた。

ブラフに持ちかけると、一年八ヶ月の契約をかわすことができた。〝捨てる神あれば拾う神あり〟で、フラーの〝お陰〟で花子一座の名声はひろく浸透していた。

セーリキ・ブラフは、ドイツ、スイス、ブルガリア、ハンガリーなど各都市の劇場を手配してくれた。これらの国々は、日本と友好関係にあった。高収益をもくろむ興行師が友好国を選ぶのは当然としても、英国にとって無関心ではいられない国々であった。花子一座の公演先の手配には、こうした国家間の思惑がからんでくる。花子は無意識でも、ブラフの代理人が国情を偵察するのである。

言葉が通じなければ、花子が苦労する。吉川は、無理を承知で一座についてきた。ちょうどベルリンの「ディーペンバッハ劇場」に出演したおり、花子と吉川は正装して劇場の写真館で写真をとった。

送る《ママ》　太田梅様

吉川馨

マダム花子

西暦千九百九年三月三十一日

結婚の報告を兼ねていた。花子は、岐阜に転居した母宛に郵送している。

ブルガリアからハンガリー、スイスのチューリッヒ、そしてドイツのミュンヘンに入るころ、吉川馨の容体が悪化してきた。

花子は、ロンドンに手紙を書いて代役をひとり呼び寄せた。

「ねぇ、ベルリンの病院に入院してくれる?」と、花子。

もう舞台を務められる状態ではなかった。吉川は、頷かなかった。

岐阜の母宛に送った
花子と吉川の結婚記念写真。
（ぎふ「ロダン＆花子」の会蔵）

結婚記念写真の裏面。（岐阜県図書館蔵）

〈私等は其処から露西亜へ初興行に往かなきやならないのです〉(「聞き書き(1)」)

花子一座は、ミュンヘンからポーランドの首都ワルシャワにむかうあいだも三ヶ所で公演したが、ますます悪くなる一方の吉川は、移動の汽車に乗るのもひと苦労だった。

衝撃を与えた初のロシア巡業

吉川の病状は、限界にきていた。

〈やかましく云つて伯林《ベルリン》へ送り、病院へ入院させたのです。那麼理由《そんなわけ》でもつと露西亜の北方へ往かなきやならないのを断はり、病人の居る独逸国内をとブラフの代理人に頼んで伯林へ帰りました〉(「聞き書き(1)」)

ベルリンには、老川《おいかわ》茂信という男がいた。ドイツ語雑誌「東亜」の社主兼記者である。この雑誌『東亜』が玉井喜作によって創刊されたのは、明治三十一(一八九八)年四月であった。日本とドイツ、清国とをつなぐ総合情報誌として誕生。第一次欧州公演でベルリンを訪れた川上音二郎・貞奴一座をはじめ、新渡戸稲造《にとべいなぞう》、美濃部達吉、後藤新平、巌谷小波《いわやさざなみ》、鈴木貫太郎ら錚々《そうそう》たる日本人が世話になっている。

明治法律学校(現明治大学)をでた老川がベルリン大学法学部に留学したのは、明治三十七(一九〇四）年四月であった。『東亜』でアルバイトをしていた明治三十九（一九〇六）年九月、玉井が急死して社主を引き継いだ老川は、当時はまだ学生の身分だった。面倒見のよさは玉井ゆずりで、花子夫妻もベルリンで大当たりした去年、明治四十一（一九〇八）年三月に知り合った。花子は、このドイツ語に卓越した老川の好意にすがるほかなかった。

老川に吉川を託した花子は、セーリキ・ブラフの代理人に頼んでロシア北方の巡業を延期し、ドイツ国内の劇場に振り替えてもらった。ドレスデン、ライプチッヒ、ハノーバーと、いずれも百三十キロから二百五十キロほどベルリンから離れた都市である。巡業先に座員を置いた花子は、和服に靴を履いて汽車に乗り、吉川をベルリンの病院に見舞ってとんぼ帰りをする。睡眠は、行き帰りの汽車のなかだった。

森鷗外が「大いに真面目でやつて貰《もら》ひたいね」と書いて貞奴と花子を酷評したのが、ちょうどこの年、明治四十二（一九〇九）年の月刊『歌舞伎』九月号であった。同年の英国版紳士録『Who's Who』の海外芸能人の部には、貞奴と花子の名前が掲載された。花子は、真面目も真面目、死に物狂いで演《や》ってきた結果である。

これ以上ロシア巡業を先延ばしにできなかった花子は、同年十二月、病院の吉川を老川に頼んでペトログラード（のちサンクトペテルブルク）にむけて出発した。

十二月七日にペトログラードから、十二月十八日にはモスクワ、さらに十二月二十日にぺトログラードからロダン宛に手紙を書いた。これによって公演の経路はわかるが、このロシア公演は、成功したのか、失敗か——。

この第一回目となるロシア公演について花子は、なにも語っていない。

澤田助太郎は、『ロダンと花子』に、モスクワ生まれの言語学者ローマン・ヤーコブソン（元ハーバード大学教授）からの手紙を収録している。澤田は、東京外大教授山口昌男編著『二十世紀の知的冒険』（岩波書店、昭和五十五年）を読んで、山口と対談したヤーコブソンが花子の舞台を見ていたと知った。さっそく山口に連絡してヤーコブソンに手紙を書いたのである。つぎに紹介するのは、その返事である。

〈花子は全く偉大な女優で美しい人でした。私が大そう若かった中学生の頃、花子がモスクワで演じているのを見に行ったことがあります。彼女の演技の劇的効果は壮大な力と極度の創造性を示しました。とりわけ当時の西欧の舞台芸術の別種の劇的効果と比較してそうなのです〉

ヤーコブソンは、学生時代にアバンギャルドの芸術運動に参加している。花子の演じた劇のあらすじを書く彼の記憶力は、半端ではなかった。

これだけではしかし、花子の片鱗に触れたにすぎない。

昭和六十二（一九八七）年三月、『共同研究　日本とロシア』（安井亮平編）が出た。それに収録された論文「ロシアの花子」（坂内《ばんない》徳明・亀山郁夫。以下「坂内・亀山論文」とする）がある。

「坂内・亀山論文」は、〈ロシア側ではすでにこの時点で花子一座をめぐる一大センセーションが巻き起こっていた〉と書き、ロシアの雑誌『演劇と芸術』（第49号。一九〇九年）に掲載された、演出家・演劇理論家H・エヴレイノフの「ラブコール」と題した批評を紹介している。

〈ぼくはきみの芸術に魅了されてしまった、やさしい魅力あふれる花子よ！　きみは美人でもなければ、もはや若くもないが、そんなことくそくらえさ。舞台の上で美と若さとを体現してみせるきみのなんと美しく、若々しいこと！

小柄で、滑稽で、胸に迫る花子よ！　ぼくは呼びかけるつもりだ、わが老廃せる舞台の女優たちがこぞってきみに見惚れ、きみから学ぶようにと。なぜなら、きみは〝小賢《こざか》しき〟作者やら高価な衣装やら細々《こまごま》した舞台装置をあてにするでもなく、かくも新鮮で、かくも真に舞台的で、かくも魅惑的に美しいおのれの芸のみを頼りとしているのだから〉

エヴレイノフは、さらにつづける。

〈ああ、我が国の女優たちのせりふ術ときたら、きみの芸に比べなんと荒削りなものか。それにミミック（道化）や身のこなし方！　きみを見てぼくは、スカラムーシ（道化役）の意味とその天才的なる十五分間のポーズがついに会得できたというわけだ！

おかしな話だ。菊や蓮の花に飾られた、きみの才能に劣らず魅惑的なきみの国の言葉も知

らぬぼくが、きみの役柄を理解したというのだから！〉

エヴレイノフは、当時のロシア演劇界にあって、モスクワ芸術座のスタニラフスキーと双璧をなす演出家であり、辛口の演劇理論家であった。

彼が観たのは、「おたけ」である。女中の恋人役の吉川が欠けたがために、ストーリーを単純化している。そのぶん女主人の恋人と女中とのやりとりが難しくなり、その恋人役のサムライの誤解がもとで女中が切られてしまうという結末に変更し、違和感もなく観客を納得させたのであった。むろんその変更を知らないエヴレイノフは、充分に花子の迫真の演技で理解したのである。

エヴレイノフは、つぎのようにむすんでいる。

〈それにひきかえ、わが国の女優たちの演技たるや、演じられた役柄がまるでのみこめず、母国語とはいいながら、ただ呆然と手をこまねいたままでいることがどれほどしばしばあることだろう〉（「坂内・亀山論文」）

と、自国の女優たちの怠慢を嘆いてもいる。鷗外に読ませたい内容だが、日本の芝居を演じる花子は、演技だけで見せる新しい芸域に達していたのである。

さらに「坂内・亀山論文」は、花子がロシア国内に巻き起こした衝撃を物語る劇評として、演劇専門誌『フットライトと生活』（一九〇九年十二月二十日付第38号）と、公式に権威ある『帝室劇場年鑑』（一九一〇年度版）に掲載された劇評を紹介しているが、ここは花子がセンセーションを巻き起こしていた事実を把握できれば充分であろう。

吉川の死

花子一座は、ペトログラードからキエフに南下し、途中の劇場で公演しながらさらにポーランドのワルシャワへ。そしてオーストリアのリンツに入ると――、

〈病人から手紙を受取りましたが、其れが吉川さんが私にくれた最後の手紙でした〉（「聞き書き（1）」）

花子が手紙をうけとったのは、明治四十三（一九一〇）年二月十日過ぎである。つぎの興行は、ドイツのハノーバーだった。汽車は、リンツを出発してウィーンで乗り換え、プラハ、ドレスデン、ベルリンを通ってハノーバーである。リンツからベルリンまで丸一日かかった。

花子はベルリンで降り、一座をさきにハノーバーへむかわせた。

〈虫が知らして私一人丈け伯林《ベルリン》へ行くと病人は其の朝死んでました〉（「同」）

二月十五日の朝である。病院には、老川茂信が来てくれていた。遺体は、病室から霊安室

に運ばれていたが、花子には嘆き悲しんでいる時間がなかった。

〈愛する良人《おっと》の亡骸《なきがら》の前に私は三時間と居られませんでした。其の晩には灯火燦《ともしびまばゆ》きハンノネバアの舞台に立たなきやならないんです。座員はもう其方へ往つて私を待つて居るんですもの。恐ろしい義務です。悲しい俳優の生活です。私は幻影《まぼろし》に舞台の前で私を喝采する見物客の顔を詛《のろ》つて思描《おもいえが》いたものでした。汽車中《きしゃちゅう》では泣通《なきとお》しました〉（「同」）

ハノーバーの公演を打ちあげ、座員に給与を払い終えた花子は、ベルリンに引き返した。吉川の後始末をしたところで、財布が底を突いた。

五月一日、花子は、ロダンへの返信に窮状を訴えている。吉川の死を報《しら》せるのが、五月五日付だった。いずれもドイツ語で、老川が代筆してくれたものとおもわれる。

やがてセーリキ・ブラフとの契約が切れる。花子は、二種類の舞台写真を絵葉書にした。興行師への売り込みと、劇場関係者への挨拶状となるブロマイドである。

六月八日、花子は、もう一度ロダンに手紙を書いた。切羽詰まっていた。

〈「一筆啓上　いつもながら御親切にして頂いて有り難う存じます。このようなことを書くのは大へん心苦しいことですが、先にも書きましたように、私は大へん困っています。……私は誰も訴えて助けてもらう人もないので、あなたにお金を送って下さるようお願いしたいのです。さもなければ、万事おしまいです。どうかすぐに御送金下さい。そうすればすぐパ

リに行きます。奥様にどうか宜敷く御鳳声下さい」フランス語〉(澤田『ロダンと花子』所収)

ロダンが〝締まり屋〟なのは、知っていた。いや、美術界でも有名な〝ケチ〟であった。パリ警察署の事務員をしていた彼の父は、労働者階級である。その次男にうまれたロダンは、独学で彫刻を学んだ。彼の教師は、熟練した建物の飾り職人だった。その下働きをして今日の世界的な地位を築き上げた彼は、本宅の二階にある金庫のカギをいつも腰にぶらさげ、ローズにも必要なお金しか渡さなかった。

それを知る花子は、よほど窮していたにちがいない。ウィーンの興行師シイラと一年契約をむすんでロンドンの座員と合流した花子は、巡業の準備資金がなかった。

花子は、一刻もはやくロダンに会いたかった。資金融通のために――。

〈「拝啓　私は今日にでもパリに帰るつもりでしたが、大へん残念なことに、少しあとにしか、そうすることができません。と申しますのは、先日、劇場と二つの契約にサインしてしまいましたからです。

今月の末頃にしか、パリに帰ることができません。私は今日、ロンドンを発って、マンチェスターとリバプールに向かいます。十二日したら帰ってくる予定です」七月四日付。フランス語〉(『同』所収)

住所は、ロンドンのノースアンバーランド街西、ノースアンバーランド・マンション十四号室である。作家コナン・ドイルの処女作『緋色の研究』に登場する、老婆が殺された現場付近。シャーロック・ホームズ探偵が馬車で行き来した繁華街である。現在は、ホームズ記念館が建っている。

新山座を結成して最初に訪れたのがマンチェスターとリバプールだった。声がかかれば、ロダンよりも優先せざるをえなかった。そのころ日本では、『三田文学』七月号に鴎外の小説『花子』が発表されている。

花子は、英語とフランス語の勉強をはじめた。〈ヨーロッパ巡業中、次の国へ行く列車の中で、トイレの中ででもその国の言葉を必死になって覚えた〉（『同』）と家人に語っているように、吉川を失ったいま、切実に外国語の必要性を感じた。この前後のフランス語で書かれた手紙は、花子の直筆らしい。

〈これを完全に判読するためには、パリ大学の早川助教授と、その友人であるフランス人パトリス氏の助けを必要とした〉（『同』）と、澤田助太郎が書いているように、かなりのブロークンだったが、フランス人には、かろうじて通じる程度には上達していた。つぎの手紙がそうである。

明治四十三（一九一〇）年九月十四日付のロダン宛。

〈「拝啓　お手紙を差し上げて以来、しばらくたちますが、手紙を受け取っていただけたこと存じます。内容をご理解いただけましたかどうか、是非知りたく思います。手紙の代筆者を見つけることが大層難しくなりました。もしもあなたが、女の心がどんなに小さいかを知り、私にはこの三千か四千フランが苦境から救い出してくれるものであり、もし私がただ一人であれば全くどうでもよいかも知れませんが、私にはご承知のように劇団を抱えていて責任があることを、御賢察いただければ、できるだけ早く私の期待するご好意あるご回答を下されるよう、御厚情をお持ち下されることと存じます」フランス語〉(『同』)

当時の三千フランは、日本円にして千百六十一円に相当する。川上音二郎がパリ万博のときにロイ・フラーに要求した週給三千ドルが日本金で六千円だった。それに比較すれば、花子の借用提示額は、こぢんまりとした金額だったにはちがいない。

花子は、必死だった。数日後に、もう一通ロダン宛に要求している。

ムードンには、ローズのほかに女秘書ジュディト・クラデル(一八七三〜一九五八)が毎朝通って来ていた。父とロダンが親友だったことから幼いころからロダンを知り、ローズが胸襟をひらいた数少ない伝記作家である。高村光太郎が『ロダンの言葉抄』で真っ先に訳出したのが「ジュディト・クラデル筆録」であり、彼女で特筆すべきは、ビロン館をロダン美術館にする運動で大活躍したことであろう。それは一九一六(大正五)年十二月のことだが、彼女は花子の理解者でもあった。花子の手紙でさえ大切に保管した彼女は、ロダンにとりついだはずである。そしてロダンから、送金されてきた。

明治四十三(一九一〇)年九月下旬、花子一座は、ウィーンの興行師シイラの手配による初のイタリアにむけて出発した。ここにも、オーストリア・ハンガリー帝国の思惑が垣間見える。

この巡業は、準備が遅れて強行軍となった。

イタリアのミラノを皮切りに、ジェノヴァ、フィレンツェ、ローマ、コルシカ島へと渡り、アドリア海沿岸のオーストリア・ハンガリー帝国領トリエステ港からいったんロンドンにもどる。公演は一日だけが多く、最長でもローマの三日間である。

ふたたびドイツのライン川沿いを、ケルン、フランクフルト、ハイデルブルク、フライブルク、シュツットガルトで引き返して、バルト海沿岸をコブノ(のちリトアニア共和国カウナス)、ビルナ(同共和国ビリニュス)、リガ(ラトビア共和国)、レベルの軍港(のちエストニア共和国タリン)を公演して、同年十一月二十七日にはペトログラードに入るのであった。

〈「私は今ロシアに居て元気です。こんなに長い間お便りをしないでいたことを御許し下さいます様に」十一月二十七日付、英語〉(『同』所収)

ヨーロッパを南から北へと連日の汽車の旅である。

〈「ロシアの興行は成功している。しかしエゼント(Agent)が入り、入手金額が少ない。独立興行を打ってまとまった金額を得、日本へ早く一度帰りたい」十二月七日付〉(『同』)

文章が紋切り型なのは、花子の書いた手紙を要約しているからである。「原本」は、カタカナ文で、いまもロダン美術館の古文書として納まっている。英文に訳してくれた人物が、誤って下書きの「原本」を同封してしまったからである。ただ、肝心なところが抜け落ちている。『資延版』で補っておこう。

〈「いつまでもヨーロッパにうろついておってもつまらないから、どうしても自分で商売せねばだめですから、言葉のわかる日本人の通弁に頼んで、ぜひ金儲けをするつもりです。いま私の手にある金だけでは資本金《もとで》が足りませんから、少し足りませんから、あなた私に元手のお金を貸して下さい。

きっとみ月ばかりのうちに確かに返すからぜひ頼む」〉

花子は、またも手許に置く資金をロダンから借りようとしていた。

ロダンの夫婦ゲンカ？

ペトログラード（のちサンクトペテルブルク）では一ヶ月間公演し、ロシアの評論家たちから高い評価をうけた花子一座は、南ロシアのスモレンスク、エカテリノスラフ（のちドニェプロペトロフスク）、を巡って黒海の港町オデッサに達した。ここで地元の劇場主であり興行師でもあったテフノフと知り合い、やがて彼の手配をうけることになる。

フランスに戻ったのは、明治四十四（一九一一）年六月末だった。シイラとの契約が切れた花子は、さっそくパリ到着を報せる電報をロダン宛に打った。

〈丁度パリーへ帰ると停車場へロダンさんと奥さんが迎へに来て居られましたから御機嫌様ですかと云つて挨拶をすると、奥さんが私は宜《い》いけれども「ムシロダン（ムッシュ・ロダン）」と云つて奥さんが拳骨をして見せたから何か御夫婦が云ひ合ひでもしたのだらうと思つて居りました〉（「花子の話」）

ローズのようすでは、なにか険悪な事態が起きていた。

馬車がムードンのロダン邸に入ると、ラダが吠えながら駆けつけた。

離れの二階で旅装を解いた花子は、夕食の用意をしてくれたローズに呼ばれて食堂へ行った。テーブルには、白い布で蔽われた大理石の胸像が置いてあった。

「これ、なーに?」と、花子がなにげなく布をはがす。

美しい女の、未完成の胸像だった。モデルは、ビロン館のアトリエで会った女である。

「ここんとこずーっと、ムッシュ・ロダンはアトリエに泊まりっきりで帰ってこなかったのよ。あげくのはてに、この女にダマされちゃって……」と、ローズ。

このあと花子は、真相を知った。

〈何でも其女《その》に引つか丶つて六万円とか取られたと云ふことを後に聞きました〉(「同」)

とあり、胸像のモデルがクレール・ド・ショワズール公爵夫人だとわかる。

〈一九〇八年から一九一二年にかけて、彼女はビロン館を占有し、ムードンは哀れなローズに任されることになる。(中略)

下彫り工たちは、それまでロダンの天才に自分たちの才能をささげていたが、一人ずつ彼から独立していった。彼らはこんな人物の命令をもはや受け入れたくはないと思い、さらにショワズール夫妻がロダンを砒素《ひそ》で毒殺しようとしていると信じ込んだ〉(モニック・ローラン、高橋幸次訳『ロダン』)

腕利きの下彫り工たちは、ショワズール公爵夫人によって遠ざけられ、ビロン館にあった作品の大方が運びだされてアメリカに売られた。その損害額が当時の推定六万円(今の約八千万円)に相当した。弟子たちは、同夫人の追い出し運動をはじめたばかりだった。

「ショワズール公爵夫人」(一九一一年作)の、髪のあたりが手つかずのまま放置された未完成の大理石像は、今も歴史の証言者としてロダン美術館に飾られている。

〈夫《そ》れで始めて停車場で奥さんが「ムシロダン」と云つて妙な顔をされた事情が分つたのです〉(「花子の話」)

とんだところへ花子は帰ってきたわけだが、それがロダンをムードンの本宅に呼び戻す重要な〝口実〟になったのかもしれない。花子は、いつものようにモデルになった。

「こんどは、アナコの眠った顔をつくろう」

例の足首まで届きそうな作業服をまとったロダンは、制作にかかる。

〈私は長い間モデルを観《み》て考えます。モデルに殊さらなポーズ（姿勢）を求めません。放れ馬のように工場の中を自由に往ったり来たりさせときます。この辛抱な研究で私は、たまに、ギリシア人のやり方《プロセデ》をまた見つけます。仕事そのもののお蔭です。彼らの彫刻を模倣してではありません。彼らの方法《メトード》が私に帰って来るのです〉（高村光太郎訳「ジュディト・クラデル筆録」、『ロダンの言葉抄』所収）

こうして花子も、しばらくの平静に心を癒やすのであった。

第五章——世界大戦争

ロシア大巡業

興行師シイラとの契約が切れて小一年が経った。その間、手打ち興行でベルギー、ドイツ、オーストリアを巡業したが、やはり慣れない興行は、利益が薄かった。

ロンドンからパリにむかった花子は、ムードンのロダン邸にしばらく滞在した。與謝野寛・晶子夫妻がビロン館にロダンを訪ねたのは、その一、二週間前のことである。與謝野夫妻が会ったショワズール公爵夫人は、その直後にビロン館から追放された。

オデッサの興行師テフノフとの交渉が成立したのは、大正元(一九一二)年になったばかりの八月ごろである。一ヶ月四千ルーブルの約束で五ヶ月間の契約だった。ひと月四千円、五ヶ月で二万円の売り上げと考えればいいだろう。

公演開始は、同年十一月、テフノフの本拠地オデッサから打ちはじめる。

テフノフは、台本のロシア語訳を花子に求めた。あらかじめロシア各地の警察署に提出して、許可をとる必要があったからである。花子にとっては初めての経験だったが、ひょっとしたら一九〇五(明治三十八)年一月にオデッサで起きた戦艦ポチョムキンの反乱(注)が原因していたのかもしれない。後に第一次ロシア革命と呼ばれるこの戦艦内における反乱は、やがて帝政ロシアを根底からひっくり返すことになる。

花子は、翻訳をペトログラードに住む白鳥某という日本人に頼んだ。紹介者の触れ込みでは、ロシア語の達人だという。台本を白鳥に郵送し、翻訳文をムードンで受けとり、それをテフノフに手わたすだけである。時間は長くかかるまいと、花子は安心していた。

八月末のある日、久方ぶりにロイ・フラーがムードンにやってきた。フラーはこの年に『回想録』を出版している。舞台俳優に専念するつもりだったのか、十五年間にわたる舞踊家生活の卒業宣言と、有名人との交流をひけらかした内容である。

ロダンは、フラーと花子にサインと献辞入りの花子像を一体ずつくれた。

九月の声を聞いても、白鳥の翻訳台本は届かなかった。ひとまず座員をロンドンからブレーメンに呼び寄せた花子は、旅装を調えてベルリンに出、ロダンの「花子像」を入れたトランクをベルリン駅に預けてペトログラードにむかった。そばにいて督促すれば、一ヶ月もあれば完成すると見たのである。

ところが白鳥某は、酒が好きでなかなか仕事がすすまない。いよいよオデッサ乗り込みの時期が迫ってきた。急遽、座員をペトログラードに集合させ、翻訳の完成を待ってオデッサに向かう予定に変更した。それでも翻訳は、間に合わなかった。花子は、

「できあがったら、すぐにオデッサのテフノフ氏に郵送して」

と、白鳥に言い置いて出発したのであった。

（注・エーゼンシュテイン監督『戦艦ポチョムキン』では、オデッサ全体が反乱したように描いているが、実際は戦艦ポチョムキン一隻のみ。但しこの映画では、この反乱が革命の端緒となった）

大正元（一九一二）年十月十五日、花子一座は、オデッサに到着した。しかし、〈オデッサ市を振出しに演じ出しましたが、ものが間違ふ時は為方《しかた》がないので、其の時通訳に御頼みした白鳥《しらとり》さんと云ふ方に私達の演じます脚本の台帳の翻訳をしたのが、テフノフ氏の方へ届かず、其の為めに警察の認可が遅延し、折角のテフノフさんとの契約を少しく変更せねばならないやうになりました〉（「聞き書き（1）」）

ロシア国内の興行は、許可がおりてから宣伝を開始する。その許可申請をうけた地方の警察署は、管区上層部の認可をとるのに時間がかかった。

「これでは、商売になりませんよ」と、テフノフが歩合制を求めるのも道理である。

花子は、白鳥をオデッサに呼び寄せた。官憲との折衝が多くなるとみたからである。そして白鳥が一座のマネージャーのようになった。これが混乱を招くのだが、小さな町をあきらめて、許可が直接とれる大都市中心に切り替えたことが一座に好運をもたらした。

オデッサの興行はしかし、好成績だった。花子のロダン宛の手紙がある。

〈「長い間御無沙汰して申し訳ありません。ロシアで巡業中ですが、どこでも成功です。来年はお目にかかりたいと思います」一九一二年十一月二十四日。オデッサ〉（澤田『ロダンと花子』所収）

オデッサでは、二週間公演した。近隣の小都市を打ちながらコーカサス入口の都市ロストフに入って一週間の公演をしたが、

〈観客は土間にぎつしりと詰つて居るに関《ママ》はらず、偖《さ》て興行主と歩合の計算となると、奈何《ど》うも予期した丈《だ》けの収入が無いのです〉（「貴族と女優との握手――露西亜興行の想出」『新日本』大正六年六月号。以下「聞き書き（2）」とする）

問題は、テフノフとの歩分けである。評判の一座が粗末な旅館に泊まることもできず、一流ホテルに泊まれば食事の値段も一流になる。売り上げが折半では、経費を負担する花子一座が損をする。しかもギャラが白鳥の飲み代に消えてしまう始末では、座員からは不満がでる。さりとて通訳の白鳥を、馘《くび》にするわけにもいかなかった。

ウクライナ第二の都市ハリコフに入って、ひと息ついた。

評判を書きたててくれた新聞の影響で、幕をあけると大入りの超満員であった。

一座は、この勢いをもってウクライナ第一の都市キエフに乗り込んだ。

このころ小山内薫は、モスクワ芸術座の舞台をむさぼり見ていた。

花子一座のキエフ公演は、一週間だった。すると、

〈キーフ市の俳優学校から私等へ招待状が参りました、一行を午餐《ごさん》に饗応《きょうおう》するんですが、其れと同時に日本劇の表情の一部を看《み》せて呉《く》れれば幸甚《こうじん》だとのことでした〉（「同」）

かなり話題になったおりでもあり、こうした演劇人との交流も必要とおもった花子は、午餐の招待には応じたが、演技披露だけは最終日の夜にしてもらった。

その最終日は、太陽暦の一月十二日、ロシア暦の十二月三十一日だった。

〈劇場で演じた後に、学校へ行きますと職員生徒は挙《こぞ》つて歓迎してくれました。然《そ》うして私はいろ〳〵と日本の舞踊の所作をして見せたりしました〉（「同」）

キエフ芸術座の俳優学校では、宴会が用意されていた。深夜の十二時にはじまり、朝までつづく新年会である。

おなじロシアの空の下、小山内薫はモスクワ芸術座の面々と、花子はキエフ芸術座の面々と、どちらも晴れがましい気分で除夜から翌朝までを過ごしたことになる。一方は、恥ずかしいおもいをして「あんなものは芸術ではありませんよ」と毒づきながら、他方は、プリマドンナとしてもてはやされながら――。

ホテルにもどって仮眠した花子は、その日の午後三時、大勢の人々に見送られてモスクワにむけて出発した。キエフ―モスクワ間は、直線距離にして七百六十キロ。陽の暮れかけた

キエフ駅を午後三時に出発すれば、翌日の夕方にはモスクワに到着する。

「あっ、マダム・ハナコだわ」

モスクワに入った花子一座は、「一幕物劇場《ミニアチューラ》」に出演した。「坂内・亀山論文」によれば、演じられたのは「おたけ」だった。

〈『おたけ』の作者が「才能ある劇作家であり、たいへんな巨匠であることはうたがいない」、（中略）「死との数分間の葛藤、いまはの際のけいれん、信じがたいほどの比類ないリアリズムでいとも簡潔に演じられた死、声をあげず、余分な動作もない。人は肉体からいかに生命が消え去り、すでに死んだ肉体がどう倒れるかということを知るだろう」〉（B・ユーリエフの劇評『フットライトと生活』一月二十七日付第4号）

これは、一ヶ月のロングランであった。

花子は、四つの演目を用意していた。「おたけ」「武士の恋」「播州《ばんしゅう》皿屋敷（花子版「生娘《きむすめ》」）」、そして「仏御前《ほとけごぜん》」である。皿屋敷と仏御前は、歌舞伎や浄瑠璃のパロディーである。

本来の「播州（番町とも）皿屋敷」は、徳川家康拝領の十枚の皿のうち、一枚がなくなったことから、女中お菊が疑われて主人に切られる。歌舞伎や落語などでは、一枚、二枚と数えるお菊が幽霊となって現れるというお話だが、花子版「生娘」では、もう少し複雑。

――生娘の主人は、金の皿十枚を得るために、皿の持ち主に生娘の貞操を差しだした。ゆくゆく生娘は皿と交換した相手の男にひきわたされる運命。その皿の一枚が紛失した。隠したのは、生娘に横恋慕する男だった。彼女には恋人がいた。その恋人と横恋慕した男とが柔術と棒術で決闘。恋人が勝って横恋慕した男を殺す。ところが金の皿がなくなっているのを知った主人は、生娘の仕業と邪推して責める。あわれにも生娘が自害したところへ、恋人が紛失した皿をもって現れたが、ときすでに遅し。恋人にいだかれて死ぬ――。

この複雑な人間関係を、花子は演技で理解させてしまうのである。

「坂内・亀山論文」は、十年後に書かれたB・ユレーネヴァの『劇場の女たち』のルポルタージュを発見している。花子のインパクトは、それほどまでに強烈だったのだ。

〈「舞台はヨーロッパの演劇では類をみないものである。死に臨んだ花子は完璧な冷静さと細心をきわめた正確さ、そして状況の認知をもってもろもろの仕度を実行していく。小刀を手にし、長い間それを見つめ、きれいなタオルをもってくる。心を集中させ、潔癖なまでに刃を磨きあげ、自害しやすいようにそれを机の上に置く……（中略）

そして最後の不気味にうごめく死体。このとき人々が入ってきて、後悔したいいなずけは運命の皿をもってくるが、花子はすでに動けず、生気のない目でそれを見つめる。名状しがたいほどに感動的である。皿がみつかったことへの驚愕と歓喜。しかしすでに遅く、従容としてそれを迎える…　皿が見つかったということのみが重要なのだ」ユレーネヴァの花子論は、（中略）役者に同一化された女性論そのものにまで及んでおり、ある種の倫理的な価値観の投影すら感じとれる。つまりそれほどまでに花子の演技が鬼気迫るものであったということだろう〉（「坂内・亀山論文」）

迫真の演技は、役柄いじょうに影響を与えたようだ。

〈莫斯科《モスクワ》のあらゆる新聞の劇評記者の訪問を受け、私の顔の戯画《かりかつうる》が新聞や雑誌に描かれ、私が些《ちよ》つと往来へ買物に出ましても、『マダム・花子。』と云つて、背後《うしろ》から物見高い人が附随《つ》いて来る程の人気が立ちましたのは嬉しう御座いました〉（「聞き書き（2）」）

花子の顔は、モスクワ中に知れわたった。

「あっ、マダム・ハナコだわ」と、ひとがぞろぞろついて来た。

ある日、モスクワ芸術座の支配人が花子の投宿するホテルにあらわれた。

「キエフの俳優学校を訪問なさいましたそうで。ご迷惑でしょうが、ぜひわが劇場付属の俳優学校へもお越しいただけませんでしょうか」と。

〈世界で名高い芸術座の人達に向ふから交際を求めらるゝなぞとは、私に取つては非常な名誉で御座いますもの、何の否《いな》やを申しましやう〉（「同」）

「播州皿屋敷（花子版「生娘」）で演じる花子。
（ぎふ「ロダン＆花子」の会蔵）

Madame Hanako
in "Ki-musume"
No 2.

Mme Hanako
in "Ki-MUSUMe"
No 3.

花子は、一座を引き連れて訪問することになった。

〈A・ポポフの回想によれば、（中略）スタニスラフスキイはただちに自分のスタジオに招いたとあり、これは先にあげた俳優学校の演技披露を示している〉（「坂内・亀山論文」）

小山内薫を新年会に招いて半月も経っていなかった。スタニスラフスキーは、自分の目で花子を確かめるチャンスを待っていたのである。ちなみに小山内は、そのころストックホルムに移動している。

芸術座は、トヴェルスカヤ大通りから二百メートルほど入った広場の片側にあった。

〈舞台は二階に出来て居るんですが、下から見上げる舞台でなく、上から見降されるので、或る大きな広間を都合上こしらへたと云ふやうな舞台でした〉（「聞き書き（2）」）

通路の両側にならんだ学生たちの拍手に迎えられて、階段を舞台の方向におりた。舞台にあがると劇場支配人がスタニスラフスキーと、ナンバー・ツーの、劇作家で小説家のアントン・チェーホフの未亡人オリガ・クニッペルを紹介した。いよいよ演技披露である。舞台のちかくに関係者が座り、後方に学生たちが陣取った。

スタニスラフスキーが花子を紹介した。そして花子は、

〈場所馴れた私にしても、此処に座して居られる人達は皆世界に許された名優であると思ふと、可なり心が動揺しました。併し私にしても世界各国の舞台の芸を見て来て居ますので、

臆しながらにも確信はありました〉（「同」）

なによりも幼少のころから習い覚えた芸があり、名人芸を見て育ったのである。それが身についていることが自信であり、「その他はなにもなかった」と花子はいう。

花子はまず、女が懐剣で自害する型、目のうごき、変化、口の表情を演じてみせた。

つぎに笑いの表情――。

〈之も日本の義太夫で子供の時から能く練習したものなので、其れをそのまゝ演じたものです。次ぎには憤怒の型、其れから愁嘆の場の表情です。愁嘆の場にも娘と老婦人とは区別して見せました。演じ果てますと座席の一同は立上つて喝采し、『ブラボオ』の祝福の声が繰回《くりかへ》して聞かれ、チエホフ夫人は立上つて来て握手をしてくれました。何と云ふ幸福者《しあわせもの》でしやう、私は御蔭で芸術座の人達の前で演じた芸術の試験に及第されたらしいのでした。其れも皆日本の先人の工夫の御蔭だと染々《しみじみ》と感じました〉（「同」）

この演技披露は、数多くの論評が新聞・雑誌に書き立てられ、大成功であった。おわったあと、宴会が催された。

パリのビロン館で一瞥したイサドラ・ダンカンが来ていた。いまは、モスクワで舞踊学校を開いているという彼女は、世界的に有名になっていた。

花子が紹介されたなかに、タラセウィッチ伯爵令嬢がいた。令嬢とはいっても、花子が「お母様」と呼べる年齢である。演技披露のときも、最前列の席に夫妻はすわっていた。

〈昼間の御茶に呼んで下すつたのが親しくして頂く最初でした。御良人《ごしゅじん》は医学博士でタラセウキツチと仰有《おつしや》いました。漸次《ぜんじ》御馴染《おなじみ》を重ねるに附け、私はもう旅館へ帰ることは少くなり、其の御宅から劇場へ通ふやうになりました〉(「同」)

タラセウィッチ邸は、公園に面した広い屋敷があり、夫人が歌手というフランスの男爵夫妻が居候をしていた。客を呼ぶのが好きで、毎夜のようにパーティーがあり、そこで知り合った貴婦人の家に呼ばれたりして、まるで別世界であった。

一幕物劇場《ミニアチューラ》のあと、モスクワ音楽院《コンセールバトーレ》の付属劇場で、歌と踊りを興行した。いずれも大入りで、ひと晩で二千ルーブルの純益があった。当時の日本円にして二千六十四円である。最低でも四十日と計算して八万三千円の現金収入があり、かつてのイギリスでのように馬車賃を気にする必要はなかった。

テフノフとの契約は、モスクワ滞在中の三月に切れた。

春の旅行シーズンをむかえて、貴族や金持ちは、モスクワを出はじめていた。また有名な俳優たちも、彼らを追ってオーストリアや南ロシアへ巡業にでかける。

伯爵令嬢に相談すると、コーカサス地方の劇場関係者を紹介してくれるという。

〈私達はいろ〳〵と都合のい丶評判を立てられたので、もう手興行をしても、露西亜の内地ならば大丈夫と云ふ見込みが附いたのです〉（「同」）

すべての手配が調って、花子一座もモスクワを去ることになった。

「私たちは、さきにキエフの別荘へまいりますから、巡業が終わったらいらして」

と、伯爵令嬢が誘ってくれた。

コーカサスを越えて

一座は、コーカサス地方最大の都市ティフリス（現ジョージアのトビリシ）にむかった。

〈高架索《コーカサス》は莫斯科《モスクワ》市から汽車で三日（の）旅です。幾度《いくたび》も汽車で横断したことのあるボア（ヴォルガ）河の春色を汽車の窓から眺めて南へ南へと、目指すのは高架索山中の唯一の大都市チブリス市です〉（「聞き書き（2）」）

途中、一座は、小都市の劇場から声がかかれば公演した。ところがどうした手違いか、ティフリスの劇場は、花子たちが予定した日より一日早く公演することがわかった。

〈其の時の周章《あわ》て方と云《い》たらありませなんだ。其れで本来ならば汽車が高架索《コーカサス》の山脈の麓を迂回して、或る小駅に停まり、其れから更に大迂回してチブリス市に到着するのに乗車すれば安全であるのを、急ぐまゝに、チブリスに近い中途の或る小駅に降り、其処から自動車で山間を横切つて行けば金は懸《かか》るが時間で少くとも六七時間は節約されて、開場日の時間の(に)間に合ふとのことを土地の人に聞かされて〉(「同」)行動したのが、とんだ間違いのもとだった。

一座は、ヴォルガ河が注ぎこむ広大な三角州にひらけたアストラハン駅からカスピ海西岸を南下。ゲデルメス駅で乗り換えてアゼルバイジャンのバクーへ迂回し、ティフリスに乗り込む予定だった。それを反対方向のロストフ方面に汽車を乗り継ぎ、自動車の便があるという小駅に降り立った。

〈小駅に降りると、時間と云ふものに余り厳格でない露西亜人のことゝて、汽車が少し遅れたため、自動車は出た後なのです。人を頼んで他の自動車を探さしたのでしたが山中の小駅とて外には無いのです。為方《しかた》がありませんから其の小駅からチブリスの劇場へ電報を打ち、迎への自動車を出して呉《くれ》るやうに頼みました〉(「同」)

一刻でも早く着こうと、とりあえず山越えの乗合馬車に乗ることにした。荷物用に、もう一台をチャーターした。馬車が調うのを待っているあいだに、ひとが集まってきた。

〈「あれは何処の国の人種だらう、支那人か、蒙古人か……」

噂はまち〳〵なのです。其れでも私は足には靴をこそ穿《は》いて居ますが純粋の日本着物を着て居ますので、其の服装に就いて又話題が拡がるらしいのです〉(「同」)

ロシア語がほとんど通じないこの地方の住民は、日本人とわかると友好ムードが漂い、地元の人形やら細工物を贈ってくれた。

馬車は、二頭立てだった。馭者の吹くラッパの音とともに駅を離れて、次第に険しい山岳地帯に踏み込んでゆく。千メートル級の峠越えである。

〈間に会ふかしらと心配しながらも、矢張恁《こ》うした珍らしい旅にはそゞろに興味を覚えて、高架索《コーカサス》山中の峻嶮《しゅんけん》な景色を楽しい眼で眺めやりました。一つ馬車の轍が転覆《ひっく》り回《かえ》れば其れこそ千万丈《せんまんじょう》の谿底《たにそこ》へ落込まねばならないと覚えず冷汗を掻《か》くやうな処を幾度過ぎましたらう〉

（『同』）

山肌には、丸い小石がならんでいるかとおもったら、おびただしい数の羊だった。

「ブォー、ブォー」と、羊飼いの笛の音が木霊《こだま》する。

二時間ほどして中継地点に到着。馬はびっしょり汗をかき、口からアワを吹いている。馬車を乗り換えると、こんどは腰に大刀、背中に小銃をかついだ一団がやってきた。

「山賊かしら!?」と、おもわず緊張する花子。

「やぁ」と、馭者が声をかけると、相手も「やぁ」と挨拶をする。

峠の頂上にある中継地点にたどり着くころ、陽が暮れかけた。風がつめたい。

今夜の幕開けに間に合うかどうか。電報で呼んだ自動車は、どうなっているのか？　心細くなってきた。中継地の建物の脇に泉があった。花子たちは馬車をおり、手ですくって飲む。あと三時間ほどでティフリスだという。すると、馬車屋のおやじがいった。

「もう時間だから泊まってゆけばいいさ。夜は、山賊がでてあぶねぇ」

「そんな！」と、花子は絶句する。

若手の座員が威勢よく芝居の刀をとりだして、

「山賊がでたら、われわれがひきうけましょう」という。

〈馬車屋の主人に談判して金を二倍払ひ、盗賊が来たら引受けると云ふ条件で又も馬車の上の客となつたのですが、卅分程峠を下つて往くと四辺《あたり》はいよ〱暗くなつた〉（「同」）

石油ランプを点けて走っていると、遠くから自動車のラッパの音が聞こえた。

迎えの自動車が二台やってきた。さっそく乗り換えて、やっと間に合うかと安心したところが、ティフリスの街の灯りが見える手前十キロほどのところで一台がパンクした。

――万事休すである。

高等劇場（オペラ座）に到着したのは、午後十時少し前だった。

〈私は劇場へ這入《はい》つて行くなり、塵穢《ほこり》に塗《まみ》れた顔を静《しずか》に洗ふ間《ま》もなく、舞台の前へ支配人に連られて立つて、日本語で御詫言《おわびごと》を延《の》べました〉（「同」）

劇場支配人の説明に、総立ちになった観客は、拍手をしたり、舞台の下から握手をもとめたりした。

〈私が遅れて演じなかつた晩は日曜日だつたので私の受取る可《べ》き金子は千五百留程《ルーブル》に上《のぼ》る大入でしたが、翌夜は月曜日で千三百留位でしたが其れでも予定した胸算用よりは遥に幸福なのを喜びました〉（「同」）

ティフリスは、ヨーロッパ風の街造りだった。住民は素朴で、ホテルも安く、三ルーブル払えば上等な部屋がとれた。空気は澄み、窓からは雪を残したコーカサスの山塊が一望できた。

高等劇場のあと、花子は、病院施設に寄付する慈善興行を市民劇場で打った。これまた大入りで、市長から感謝状と、この地方の歴史や伝説を書いた豪華本が贈られた。

ティフリスから南下してトルコ国境の街エレヴァン（現アルメニヤ共和国）へ。

〈勿論其れ迄の間の町も幾ケ所も演じました。裏海《りかい》（カスピ海）の南方の沿岸の街へも這入つて往きました。バトン町、アレキサンドラ町と裏海を蒸気（船）で渡つて〉（「同」）

まさしくロシアの辺境を虱《しらみ》つぶしにする巡業だった。

花子の「聞き書き（2）」にある「バトン町」がどこかは想像もつかないが、カスピ海沿岸の町には違いない。また「アレキサンドラ町」は、フォルト・アレキサンドロフスキー（現カザフスタン共和国のマンキスタウ州都アクタウ）であろう。カスピ海東岸フォルト・シェフチェンコ港の南約百キロ、原油の積み出しを兼ねた水産基地である。

〈裏海《りかい》は地図で見ると湖で御座いますが、船で行けば果ては見えず、海と同じ大きさの波が立ちました。恁《こ》うした時の旅の目標は、露西亜、土耳古《トルコ》、波斯《ペルシャ》と三国の国境に近く聳《そびえた》つあの有名なアラヽ（アラガツ山）、カラヽ（アララト山）の峯の姿です〉（「同」）

花子は、カスピ海を船でわたったのである。船から雪をいただく四千メートル級の山々を眺めて富士山をおもいだし、しばし望郷の念に駆られた。

ティフリスへ戻ったのは、初夏であった。ここで白鳥とわかれた一座は、バクー（現アゼルバイジャン共和国首都）へとむかう。

バクーの街は、汽車がちかづくにつれて石油の匂いが漂ってきた。多くの油井《ゆせい》の櫓《やぐら》がたちならび、パンや缶詰までもが石油臭かった。

〈其処では今迄露国内で、得た私の劇評を印刷して広告代りに散布せねばならない始末でしたが、其れでも非常な大入《おおいり》続きで、初夜は今でも覚えて居りますが千八百五十留《ルーブル》程上りました〉（「同」）

バクーで三日間の興行をおえた花子たちは、軍用道路がティフリスに通じるウラジカフカースで公演。さらにロストフ方面からキエフにちかづく形で、コーカサス地方随一の温泉保養地キスロヴォーツクへと入るのである。

伯爵令嬢に迎えられて

季節は、すっかり夏になっていた。

〈伯爵令嬢は私が其の家へ到着しますと、真に我子が帰つて来たやうに迎へて下されて旅興行の苦労を慰めて下さるのでした〉（「聞き書き（2）」）

ウクライナ中部の都市ジミトルにあるタラセウィッチ伯爵令嬢の別荘は、深い森に囲まれた静かな佇《たたず》まいであった。

花子はそこで、座員のひとりを先にロンドンへ帰した。九月からはウィーンの興行師シイラの手配で、イタリア巡業がはじまる。すべてが順調だった。

花子は、貴族の暮らしを素直に喜んだ。「坂内・亀山論文」にも、

〈ここで私たちがとくに注目したいのは、それがドサ回りであれ何であれ、この時期の花子一座が、ヨーロッパとロシアをかなり自由に、一種の「地続きの感覚」にしたがいながら気ままに往復を重ねている点である〉

たしかに、そうであった。彼らは、花子一座を大歓迎してくれたのだから。

だが反面、今回の長旅でおもうのは、オデッサの興行師テフノフがきびしく求められた、

地元警察署の許可手続きが省略されていたことである。伯爵令嬢の手配が完璧だったせいもあろうが、今回の旅は、声がかかればどこの劇場でも出演できた。特別な身分か、芸能使節団のような公的資格が与えられていたようにしか考えられないのだ。

ロシア貴族にとって、辺境の情報は貴重であった。戦艦ポチョムキンの反乱以来、市民階級の動静は、貴族がもっとも神経をとがらせる課題だったからである。辺境の市民が花子の芝居に熱狂しているかぎりは、安泰というところだ。つぎに予定する興行師シイラが手配する巡業先にしても、ドイツとオーストリア・ハンガリー帝国が一番気になる中立国イタリアと、イギリスの地中海最大の海軍基地があるマルタ島が予定され、シイラ自身が同行する。常設館をもたない芸能団の巡業は、当時のロシアの貴族たちの情報収集に利用されていたのである。

「花子の首」紛失

大正二（一九一三）年八月の下旬、貴族の生活を満喫した花子は、ベルリンに戻った。一年ぶりである。ところが、駅に預けた花子のトランクが紛失していた。

花子は、老川茂信を訪れた。『やまと新聞』の特派記者千葉秋圃《あきほ》がきていた。千葉と花子は、初対面である。

「よし、オレが行って掛け合ってやろう」

勇んででて行った千葉は、ドイツ語の達人で押し出しも強いはずだったが、

〈停車場へ掛け合つて貰つた処が、もう売払つて仕舞つたから仕方がないと云ふて三十マーク貰つて来たから千葉さんに対して怒つて遣《や》つた処が自動車代でも取らねば損だと云つた、其翌日《そのよくじつ》ベルリンの新聞に三十マークのロダンと花子と云ふ標題で新聞に出たそうだが、夫れ切り泣き寝入りになつて仕舞ひました〉（「花子の話」）

三十マルクは、当時の日本金で十四円である。

パリへむかった花子は、ロダンのモデルをつとめながら、もらった彫刻を紛失したとは言いだせなかった。ムードンに滞在する二週間ばかりうちにロダンは、ふたつ制作した。けっきょくこれが花子をモデルにした五十八体目の最後の作品になる。

花子はいったん、ロンドンにもどった。そこには、吉川馨に代わる番頭《マネージャー》が待っていた。こんな男である。

〈Kは、熊本の人間ですが、十年まえ国をとびだし、長崎の丸山（遊郭）でサンザンに放蕩の限りをつくしたのち、裸一貫で満洲へおし渡り、なにかひと旗上げるつもりでいたところ、偶然の機会から、小さな英国商船の水夫となり、二、三べん長崎と大連をいききしているう

ちに、すっかり船長に気に入られ、ことに舵手《だしゅ》（操舵手）としての技術を信頼され、やがて英国まで連れていかれることになりました。（中略）で、ロンドンで下船すると、おなじく非合法で下船した日本人の巣窟で、適当な職業の見つかるのを待っていました。

すると、そこへ若い俳優をひとり募集に来たのが、花子一座でした〉（武林《たけばやし》無想庵《むそうあん》『むさうあん物語』限定私家版、昭和三十三年）

花子が吉川の代役にロンドンからペトログラードに呼び寄せた役者がいた。これが「K」、すなわちのちに花子の番頭となる川村泉である。

一座に合流したとき、川村は二十四歳だった。小柄だが、切れ長のうすい二重まぶたをした〝やさ男〟である。この四年間、花子の影のように役者を兼ねた付き人になっていた。

イタリア大遠征

タラセウィッチ伯爵令嬢の別荘へ行くにも、またパリのロダンのもとへ行くにも、川村泉は、鞄持ちとして同行した。花子がモデルをつとめているあいだ、川村はパリの旅芸人が多く寄宿するマドレーヌの旅館に住み、フランス語の習得に余念がなかった。

大正二（一九一三）年九月中旬、ロンドンへもどった花子は、準備を調えて興行師シイラと打ち合わせのためにウィーンに赴いた。契約は一年だった。

千葉秋圃がハンガリーの国会議員とブダペストの新聞記者をつれて花子のホテルに訪ねてきた。これから公演する場所とあって、花子は丁重に応対した。

今回は、シイラ自らが同行して、ハンガリーへの旅立ちである。

〈ブタ、ペスト市の花の景色美くしさは忘る丶ことの出来ないもの丶の一つです。川幅の広いダニユブ（ドナウ）河が貫いて居て、両岸の家の灯が水に落ちて搖《ゆ》曳れるさま、市街の背後《うしろ》を高い山が囲んで居て、其処にも灯火が蛍火《ほたるび》のやう撒布《まきちら》されて居るんです〉（「聞き書き（2）」）

ハンガリーは、十五日間の興行だった。ブダペストの市民は、花子をとらえて「ハンガリー人と日本人は、おなじ血がながれている」と、親近感をもって迎えてくれた。

つぎの公演地は、オーストリア・ハンガリー帝国の最南端トリエステだった。アドリア海に面した同帝国最大の軍港の街である。港からはイタリアのヴェニス行きの連絡船が毎日でていたが、トリエステで二日間興行した花子たちは、汽車で移動し、ヴェニス、ヴェローナ、ブレーシアの各地を公演しながらミラノへとむかった。

ミラノからトリノ、ニース（フランス）、サンレモ（イタリア）、フィレンツェを経由してローマへと入った。かんばしくなかったイタリア公演は、ローマで活気をとりもどした。

トルコの査証を取得するために駐ローマ日本帝国大使館に特命全権大使林権助《ごんすけ》を表敬した花子は、芝居の切符と宣伝ビラをだしながら、「こんなウソだらけの経歴をならべたてまして」と言い訳した。今回の巡業で、ロイ・フラーがこしらえた一座のでたらめな宣伝文句を初めて知った、と弁解したのである。

「いやいや、評判が良いのは、日本にとって好ましいかぎりです。このまえにきた相撲の連中ときたら、ちょんまげ姿で酒場に現れ、酔っぱらいを相手に大立ち回りされてほとほと手をやきました。お芝居は、大使館員をひきつれて伺いますよ」と、林大使。

林は、会津藩の生まれである。戊辰《ぼしん》戦争で祖父と父を失った林は、母とともに斗南《となみ》藩にうつされ、苦労して東京帝大を卒業して外交官になった。花子のような苦労人の気持がわかるのである。

〈大使にも御誉めの言葉を頂いて安心いたしました〉（「同」）

と、安堵《あんど》の胸をなでおろす花子だったが、ローマは、総選挙の真っ最中であった。暴力沙汰が頻発し、ついに政府は軍隊を出動させた。花子は、斬り合いとか血潮が吹き出す芝居に興奮した観客が、舞台になだれこんできはしまいかと心配した。

ある日、楽屋へ日本人が訪ねてきた。二十年まえにイタリアの軍艦に雇われてローマに来て、イタリア女性と結婚して住み着いた。日本語もほとんど忘れたというその男に招かれた座員のひとりが、大歓待をうけるひと幕もあった。

大震災の爪跡を見る

一座は、イタリアをさらに南へと移動。到着したナポリは、春のような陽気だった。ナポリから小都市を公演しながらさらに南下。イタリア半島の南端サン・ジョヴァンニ港から蒸気船でメッシーナ海峡をシチリア島へ渡ったのは、夜だった。

〈両岸の夜の灯火の麗《うる》はしさ、此の海峡は日本の欧州航路がいつも通る処で、私も欧州へ来しなには其処を通つたのですが考へて見れば其の頃は何処が何だかちつとも見当が附かなかつたのでした〉（「聞き書き（2）」）

昼間ならば、エトナ火山が富士山のように見える場所なのに——。

〈メシナの市街は木造の家が多く見当りました。何しろ世界を震愕《おどろ》かした大地震が揺《ゆす》つた後とて、街路を歩いて居ると、未だに当時の惨状が其のまゝで残つて居るのが見られました〉（「同」）

一九〇八（明治四十一）年十二月に震度七・二の大震災に見舞われたメッシーナは、高さ十メートルの津波によって市街地はほぼ全壊して七万二千人の死者がでたという。花子が見た風景は、わずか四年後である。木造の家屋は、仮設住宅だった。

一座は、メッシーナからパレルモ、またメッシーナへもどり、エトナ火山の麓を南へシラクーザへと公演をつづけ、シラクーザから英国領マルタ島へとわたる。

〈マルタ島は樹木は殆ど無いと云つてい丶位ゐ、丘陵は総《すべ》て禿山《はげやま》です。でも市街は清潔で、立派な欧羅巴《ヨーロッパ》風に造られて居ます。此の島の本来の住民は欧羅巴人ぢやありません。往時島へ渡つて来た亜剌比亜《アラビア》族や土耳古《トルコ》人種でして、宗教はマホメダン（イスラム教）。頭には例の房《ふさ》附きの赤い帽子を頂いて居るんです〉（「同」）

住民は英国海軍のおかげで生活していたが、こんな辺境の地にも日本人が住んでいた。

〈中川と云ふ方が那麼《こんな》土着の商人の中に交つて雑貨店を開いて居たことです。倫敦《ロンドン》から此の島へ渡つて来られたのださうで、妻君《かみ》さんは無く、独身で店を経営して居られました。大層私等を懐かしがつて私等も御訪ねし、先方からも被入《こられて》いましたが、軈《やが》て英国へ帰り、其れから日本へ帰つて往くと其の時のお話でした〉（「同」）

公演は、三日間しか打たなかった。連絡船の数も少なく、待つ日が多かった。マルタからシチリア島に帰り、カターニャで興行してから海路をジェノヴァへと渡るのである。

テノール歌手アドルフォ・サルコリ

ジェノヴァでは、めずらしい芸術家に会った。

〈ゼノア市では名手と云はるゝ歌劇役者のザルコリィ氏と知己《しりあい》となりました。其れはザルコリィ氏が演じた劇場へ私達が懸《かか》るので、ザルコリィ氏の歌劇の最終日に、私達座員一同は劇場主に招待されて見物に往きましたので、劇場主は私達を紹介したのです〉(「聞き書き(2)」)

花子が招待されたのは、ジェノヴァ最大のオペラ劇場「テアトロ・カルロ・フェリーチェ」である。二千五席ある石造りの立派な大劇場だ。

この「ザルコリイ氏」は、日本語が喋れた。日本で最初にベルカント唱法《しょうほう》を教えたテノール歌手アドルフォ・サルコリだったのである。

金沢星稜大学准教授直江学美《まなみ》による論文「日本の新聞記事にみられるアドルフォ・サルコリ」によれば、

〈明治四十四年、演奏旅行先であった上海で勃発した辛亥革命を避け偶然に日本に立ち寄ったイタリア人テノール歌手、アドルフォ・サルコリ(Adolfo Sarcoli 1867?-1936)は、その後日本に留まり、多くの弟子を育てることとなった。サルコリの活動の場は、もっぱら四谷仲町にあった自宅であり、官立の学校や、公の場所ではなかった。しかし、弟子には、三浦環《たまき》、関屋敏子、原信子、ベルトラメリ能子《よしこ》、喜波貞子《きわていこ》、奥田良三、田谷力三などが居並ぶ〉(「金沢星稜大学人間科学研究」第三巻第二号、平成二十二年)

サルコリは、ヨーロッパの六大テノール歌手に数えられた名手だった。一九一二(明治四十五)年六月にいったん帰国し、ふたたび日本にもどって最期を迎えた、というのが正史である。だが、一九一三(大正二)年の暮れにジェノヴァの劇場に出演していたサルコリの音楽会の最終日に、花子は招かれた。十二月三十一日のことだ。

〈然《そ》うしてザルコリイ氏は私達の初夜の劇を見物に来て楽屋を訪問《おとず》れ、其れから親密を重ねました。此の地で私達は一千八百十四年の正月を迎へましたのです。(中略)正月の一日の夜私は座員と共に劇場が閉《は》ねてから、新年の祝ひをとある海岸通りの料理店へ参りまして、屠蘇《とそ》の代りに葡萄酒の盃を上げました〉(「聞き書き(2)」)

花子一座は、ジェノヴァからトリノ(イタリア)、リヨン(フランス)、スイスに入ってジュネーヴ、ベルン、バーゼル、チューリヒで公演し、ドイツに入ってフライブルク、ストラスブール、シュツッツガルト、ミュンヘン、そしてオーストリアのザルツブルク、ウィーンへと回る。ふたたびハンガリーに入ってブダペスト、ベオグラード(セルビア)、ソフィア(ブルガリア)、コンスタンティノーブル(トルコ)、ここで引き返してウィーンという長旅である。

ヨーロッパ巡業中に写真館で撮った、模造の自動車の運転席に座る和服姿の花子。
（岐阜県図書館蔵）

花子は語っていないが、ここにチェコのプラハが加わる。

東京のチェコセンター所長ペトル・ホリーは、論文「チェコ・アヴァンギャルドによる『朝顔』上演をめぐって」のなかに、花子の新聞記事をひろっている。

〈次にチェコを訪れたのは、花子（太田ひさ）だった。一九一四年四月十八日のナーロドニー・リスティ新聞に載せられた劇評は、貞奴の様式的な演技に対して、花子の演技が写実的である事を指摘している。それと同時に、花子は既に一九〇八年十一月末にプラハのヴァリエテー劇場で「オタコ」（Otako）を上演し、並びに一九一四年四月十六日にプラハのヴィノフラディ劇場で（中略）その「数週間前に」プラハのエステート劇場でも興行している〉（「早稲田大学大学院文学研究科紀要」第五十輯第三分冊、二〇〇四年）

つまり花子は、ウィーンに立ち寄るまえにプラハで公演していたのである。

いずれもあわただしいスケジュールの巡業だったが、おそらくシイラとの一年契約は、七月初めには打ち切りになったはずである。

同年六月二十八日、オーストリア領サラエボにおいて、オーストリア・ハンガリー帝国の皇位継承者フランツ・フェルディナント大公夫妻がセルビアの青年によって暗殺され、一触即発の事態に陥っていたからである。

〈シイラさんと一年の契約は果てましたが、私が受取る可きお金が三千円程あるんですがシイラさんは払つて呉《くれ》ないので又も御訪問《ごはうもん》して下さつた千葉さんに御頼みして私達は伯林へ来てしまひました〉（「聞き書き（1）」）

シイラは、サラエボ事件が戦争に発展する可能性があると読んだのであろう。契約も半ばであれば、あわてて清算する必要もない。そして千葉秋圃は、シイラに逃げられて花子のギャラをとりはぐれるのである。

千葉がベルリンへ戻ってきたとき、花子は、一座を連れてパリへむかったあとだった。パリの映画会社から出演の依頼をうけていたからである。

〈千葉さんは私の方へ手紙を御寄来《およこ》しになり、何分《なにぶん》にも伯林には柴田環《たまき》（のちの三浦環。三十歳でドイツに留学）さんが来られて居るのが嫌だからとありましたので、幸ひ私の映写《フイルム》の脚本を作つて頂かうと思つて来て頂きました〉（「同」）

映画一本が千フランの契約だった。それを二本撮るという。

当時の映画は、一週間もあれば一本撮り終える手軽さであり、筋立ても単純だった。

世界大戦争の勃発

映画を一本撮り終わった直後の大正三（一九一四）年八月一日、フランスは、対ドイツ戦の総動員令を発して世界大戦争（第一次世界大戦）に突入した。

前年四月からパリに滞在していた作家島崎藤村は、つぎのように混乱を描いている。

〈八月の二日には大使館に日本人一同参集するとのことで、私どもも誘い合わせて宿を出ました。いっさいの乗合自動車はすでに徴発せられ、荷馬車に乗って町を通る女の見えるなぞも戦時らしい光景と思わせました。ブールヴァルには電車もまれになりました。地下電車さえ乗れるか乗れないかわからないとのことでした〉（島崎藤村「フランスだより」『島崎藤村全集13』筑摩書房、昭和三十一年）

八月六日、藤村は、日本帝国大使館で花子と会っている。

〈私はいろいろな旅の同胞がこの戦乱を避けて惑うていることを知りました。活動写真の撮影に頼まれて長尺のフィルムを半ば写したころにわかにこの騒ぎに遭遇したという女優花子一座、およびその作者にも会いました。熱い汗の額を流れる中で、窓掛けから椅子《いす》から敷物までいっさい赤いものずくめの大使館の一室に皆の話を聞いていた時は、たしかに私まで劇中の一人物でした。旅のあわれな話が多く出ました〉（「同」）

映画の「その作者」とは、千葉秋圃である。

〈千葉さんは他の日本人の方が止めるのも聞《きき》入れずに墺太利《オーストリー》へ行くつて出掛けられました〉（「聞き書き（1）」）

別行動をとった千葉は、この数週間後にスイスの病院で不帰の客となるのである。

北京城に籠城させられた経験があった駐仏大使石井菊次郎は、いちはやく中立を宣言したイタリアから米を買いつけて確保するいっぽう、日本人留学生や駐在員らには一刻もはやい帰国を促していた。

八月十五日、日英同盟をむすんだ日本は、連合国の一員としてドイツに宣戦布告。フランス人の日本人を見る目がかわった、と藤村は「フランスだより」に書いている。

パリの若者たちは志願兵となり、一般市民や諸外国の駐在員たちは、イギリスへ避難をはじめた。こうした慌ただしさのさなか、ムードンのロダン邸に止宿していた花子は、軽い発作に見舞われたロダンの回復を待っていた。そしてロダンは、

「こんどは、花子の眠った顔をつくろう」と、制作の準備にとりかかろうとしていたが、事態は安閑としてはいられなかった。

〈ドイツの飛行機が飛んで来て爆弾を投げるので、危険と云ふのでロダンさんは奥さんと私と女の事務員を連れてロンドンへ逃げ出しました夫《それ》が大正三年八月末であつたと思ひます〉

（「花子の話」）

この女の事務員が、「クラデル筆録」のジュディト・クラデルである。

ロダン邸をでるとき、

〈奥さんが金貨を両方の掌《てのひら》に一ぱい盛つて来られて、黙つて、片方のをロダンさんに、片方のを私に下すつた。ほんとにいい奥さんでした〉（高村光太郎「小さい花子《プチトアナコ》」『ロダン』アルス、昭和二年）

ロダン、ローズ・ブーレ、クラデル、花子の四人は、自動車でパリの北駅にかけつけた。

北駅は、荷物をかかえた避難民が右往左往していた。

アンバサダーズ劇場と長期契約

パリ北駅からカレー港まで、汽車で四時間。車中は、ロンドンに遁れるさまざまな人種が入り混じってごった返していた。ドーバー海峡をわたる汽船で一時間、ドーバー駅から汽車でロンドンの中央ビクトリア駅まで一時間である。

ジュディト・クラデルは、この移動する船上で、花子の番頭川村泉に会っている。

『資延版』は、クラデル著『ロダン　輝かしい生涯　知られざる人生』に書かれた〈蜂の巣のようにざわめく群集の中から、子供のような手が上がり我々に合図を送って来た〉と、偶然に花子と乗り合わせたような光景を、「まさか」と違和感をもちながら引用している。が、クラデルの記憶違いである。

花子は、パリ市内の旅館に泊まっていた川村がぶじに乗船できたかどうか船中を捜した。

捜しあてたからこそ、川村をともなって船上のロダンのもとに戻ってきたのである。クラデルは、〈猫のように柔軟な小柄なアジア人の男性〉を見た。それが川村泉だった。

汽車は、ぶじにビクトリア駅についた。

〈ロダンさんとは後日会ふ事に約束してロダンさんはロンドンから汽車で二時間もかゝる田舎の友達の家へ行きますし私は生稲《いくいね》と云ふ料理屋に暫く厄介になつて居ました〉（「花子の話」）

ロダンたちは、パディントン駅で乗り換えてクラデルの姉がいるチェルトナムへむかった。

ロンドンの中心部フィッツロイ・スクエアーにある日本料理店「生稲」は、日本人の溜まり場になっていた。そこへドイツを追われた日本人が集まってきた。外務省の統計によれば、ドイツを退去した日本人四百二十名のうち六十名余がロンドンにやってきた。

そのなかに京都生まれの作家生田葵山《きざん》がいた。東京で児童文学者巌谷小波門下の三羽烏といわれた葵山は、西洋の翻案ものを書いて文名を高めたが、劇作に転じようとして前年四月にベルリンに遊学。そして大戦争にまきこまれ、ロンドンに遁れてきた。葵山、このとき三十八歳である。

花子が葵山と初めて会ったのは、この「生稲」である。大正三（一九一四）年十月初めであろう。かつて世話になった興行師セーリキ・ブラフが新聞記事で花子の来訪を知り、アンバサダーズ劇場への出演を依頼して帰った直後である。

和田久一《ひさかず》著『曾我廼家《そがのや》五郎洋行日記』（博多盛象堂、大正四年）に、こうある。

〈生田先生来訪、倫敦《ロンドン》に久しく滞在する花子と呼ぶたゞ一人の日本女優＝最早《もはや》好き年齢《とし》なり＝此人《この》に脚本を書いて与へたる関係からマ子《ネ》ージャを頼まれたれば余《よ》にも一臂《いっぴ》の力を添よと云《い》はる、快く引受《ひきうけ》て別る〉（大正三年十月十九日の条。以下『五郎洋行日記』とする）

和田久一というのは、人気劇作家・喜劇役者曾我廼家五郎の本名である。

生田葵山と曾我廼家五郎は、おなじ関西の出身でありながらベルリンで会うまでは接点がなかった。五郎は関西を拠点にし、葵山は東京で活躍していたからである。ベルリンへきた五郎を、葵山が訪ねて親しくなった。その五郎の日記により、葵山が例の「播州皿屋敷」のパロディー版「生娘」を、三幕ものに改編したのが縁で舞台監督兼マネージャー役までを引き受けていたことがわかる。

ドイツの飛行船「ツェッペリン」が現れて、ロンドン市民も浮き足だっていた。

アンバサダーズ劇場の開幕は、十月三十日の予定だった。ところがこれが葵山の思い違いだった。花子がロダンに書いた手紙によれば、

〈「アンバサダーズ劇場に次の月曜日から出演する契約ができた。奥様と御一緒に私達の演技を見に来て頂ければ大変嬉しい」十月二十九日付〉（澤田『ロダンと花子』所収）

十一月二日の月曜日が初日だったのである。ところが十月三十日、

〈八時起き花子劇見物の支度をなして待ち受けると午前十一時生田氏来り延期とてスカになる〉(『五郎洋行日記』)

劇場は、まだ準備中だった。葵山と五郎がふたたび劇場を訪れたのは、十一月四日。

〈生田氏来り、同伴して花子の芝居を見る、播州皿屋敷と喜劇なり〉(『同』)

出し物は、「生娘」と「おたけ」である。

原作を熟知した五郎は、感想もなく日記に記しただけだが、ロンドンの有力紙は、こぞって劇評を書いてくれた。

〈昨日アンバサダーズ劇場の昼興行《マチネ》で、一人の日本の女優がロンドンに登場した。……全く風変わりな楽しい演劇であり、一座の花形役者である花子は、ユーモアと魅力と多才を有することが明らかである。日本の役者を語る時に必ず心に浮かぶマダム・サダヤッコとは同日に論ずることはできない。上品で小柄なマダム花子は、悲劇にも喜劇にも出演する。筆者の見たところでは、花子は喜劇の方が得意であるようだが、悲劇でも彼女の演技は人間味があって感動させる〉(一九一四年十一月三日付『デイリー・テレグラフ』、澤田『ロダンと花子』所収)

また、十一月八日付『サンデイ・タイムズ』は、こう書いている。

〈演技は非常にリアルであって、マンネリ化していないし、全ての役者がいかめしいくらいに真剣である。そしてマダム・ハナコは確かにヨーロッパの女優仲間の羨望に値する。最初のうちは彼女は奇異に感じられる。日本の茶碗《ちゃわん》の絵から抜け出て来たような、ほっそりした小柄な女性であるが、すぐに彼女は観客を魅了してしまう。……この日本の役者達の演技は、娯楽を超えたものである。それは素朴なものの持つ力の開示である。我々を考え込ませるものがある〉（『同』）

つごう十二紙が劇評を掲載した。

ハナコ・フィーバーは、イギリスの芸能界にも影響を与えた。白人による「日本劇団」が乱立し、日本人の格好をした〝偽ブランド〟が出回ったのである。

戦時色の真っ只中である。

〈同盟国の好《よし》みで劇場主は親切にしてくださいますし、戦争中で誰彼《だれもか》も給金は半額ですが、私には座頭並《ざがしらなみ》に払つてくれたのを幸福に思つて居ます〉（「聞き書き（1）」）

日本は日英同盟、フランスは仏英協商によってイギリスと結ばれていた。ロシアは、同盟国側に立ってドイツ、オーストリア・ハンガリー帝国を相手に戦っていた。

イギリスの劇場は、休演しなかった。音楽会もおなじである。当時、ベルリンから遁れてきた柴田（三浦）環も、日本大使館の肝いりで歌手デビューを果たし、やがてプッチーニ作曲『蝶々夫人』のプリマドンナとして欧米を席捲する。

開幕当日か、一週間後か。ロダンがローズ・ブーレを伴ってアンバサダーズ劇場をたずね

Extracts from London Press Critics

ロンドンの新聞批評抜粋 ON （1914年11月～1915年2月）

MADAM HANAKO

And her Company of Japanese Players.

"Sunday Times," November 8th, 1914.

(1) AMBASSADORS. Madame Hanako and her Company of Japanese Players.

Monday, November 2nd.

"Daily Mail," November 3rd, 1914.

JAPANESE PLAYERS.

MADAME HANAKO'S CLEVER COMPANY IN LONDON.

"Daily Telegraph" November 3rd, 1914.

AMBASSADORS' THEATRE.

"The Star" November 3rd, 1914.

AMBASSADORS THEATRE.

JAPANESE PLAYS.

"Morning Post" November 3rd, 1914.

A JAPANESE MATINEE.

"Sportsman," November 3rd, 1914.

THEATRICALS.

JAPANESE PLAYERS AT THE AMBASSADORS.

"Daily Express," November 3rd, 1914.

JAPANESE ACTRESS' SUCCESS.

"Observer," November 8th, 1914.

AMBASSADORS.

MME. HANAKO'S JAPANESE PLAYERS.

"Daily News and Leader," November 3rd, 1914.

A JAPANESE COMPANY.

MADAME HANAKO AT THE AMBASSADORS THEATRE.

"Evening News," January, 26th 1915.

LAVALLIERE IN LONDON.

MDLLE. LAVALLIERE'S OPINION.

"Evening News," February, 2nd 1915.

A JAPANESE JEM.

You needn't know a single word
Of Japanese, but when you've heard
And seen Hanako play,
You will discover that the light genius, shing clear
and bright,
Makes all things plain as day.

Was ever such a vivid soul
Or one more exquisitely droll?
She's little but she's great!
If you should doubt it, come with me
To the Ambassadors and see
If I exaggerate.

THE CRITIC.

「マダム・ハナコとその日本人一座に関するロンドンの新聞批評抜粋」
(1914（大正3）年11月～1915（大正4）年2月)（岐阜県図書館蔵）

てきてくれた。その足でロダンはパリに帰るのだが――。

〈ロダンさんが奥さんと二人連で見に来て私の役が済むとすぐに奥さんと二人が楽屋へ来てキッスして呉《くれ》ました、其幕《そのまく》でお菊の死に顔を見て非常に満足せられました〉（「花子の話」）

ロダンは、花子にこういった。

〈「花子。御前《おまえ》私が英仏両国の現在の交誼の記念の為に英国のケンシングトン博物館へ献上した十二個の銅像を見たかい。」と仰有《おっしゃ》いました。翌日見に参りますと、其銅像の中に日本の女優と題して私の胸像の一つがあるんでした〉（「聞き書き（1）」）

この「ケンシングトン博物館」は、一九〇五（明治三十八）年に「ヴィクトリア&アルバート博物館」に衣替えしたが、「ケンシングトン」の呼び名が残っていた。花子が寄寓するフィッツロイ・スクエアーからさほど離れているわけではなかった。そこを訪れた花子は、自分の「胸像」を見たのである。

のちに資延勲がロダン美術館館長のモニック・ローラン女史に、ロダンが献納した花子像について問い合わせたところ、

〈彫刻は十二点ではなく十九点が正しく、花子をモデルにした作品は含まれていない〉（『資延版』）

回答には作品目録が添えてあり、花子のスケッチすらもないという。

ロダン夫妻は、もう一度花子を訪ねるのだが、特別なエピソードはない。ロダンは七十四歳、ローズ七十歳、花子四十六歳である。手紙のやりとりは、まだつづく――。

花子に寄せた「日本の宝石」と題した詩がある。

キミは、ハナコの芝居を見るとき、ひとことの日本語もいらない
そこにキミは、すべてを演じきる天才と輝ける明晰さと生気とを発見するだろう
このような生き生きとした魂、優美な道化をみたことがあるだろうか？
彼女は小さい、しかし偉大だ！
もし疑うなら、ボクとアンバサダーズ劇場にきてみるがいい
もしボクが、大げさだとおもうなら

（拙訳、一九一五年二月二日付『イブニング・ニューズ』）

大正四（一九一五）年春になると、アンバサダーズ劇場の花子人気に翳《かげ》りが出はじめた。

一時帰国

生田葵山がロシア経由で帰国を決めたのは、大正四（一九一五）年二月ごろである。花子は葵山に、新しい台本と、踊りのできる若い芸者の募集を頼んだ。

花子は、フランス傷病兵の義捐金《ぎえんきん》募集の公演で、パリで活躍していた名女優ブノワ・レジャ

ン（貞奴が出演したレジャン劇場の座長）と同じ舞台に立った。また、レジャンがズーライン劇場で開催したイギリス傷病兵のための慈善興行にも、積極的に出演した。

〈慈善興行の為めに新しく書かれた脚本は世界の今度の戦争を主題にしたもので、地の神の風《ママ》の神も顕《あら》はるゝと云ふやうなもの、戦争国は皆其の舞台の上に表徴化《ひょうちょうか》されて顕はるゝのです。レジャン夫人は仏蘭西国を私は日本を代表した人物に扮装して舞台に顕はれましたが、畏《かしこ》くも其の時は英国皇帝皇后両陛下が御臨幸で、私は恐れながら舞台の上から拝謁を遂げました〉（「聞き書き（1）」）

この慈善興行から四日ほどして、花子は、旧フランス王家のオルレアン公からサヴォイ・ホテルの午餐《ごさん》に招待された。まさしく花子は、日本を代表するプリマドンナだった。

大正四（一九一五）年六月十八日――。

ロンドンのアンバサダーズ劇場のプログラムに「More《モア》（ODDS AND ENDS《オッズ・アンド・エンズ》）」（「寄せ集めを、もう一度」）が載せられ、花子一座の芝居が外された。花子の看板では客が呼べなくなったのである。

不振を打開するために、興行師セーリキ・ブラフと同劇場の製作者チャールズ・コクランは、出し物を変えた。というよりも、「もとに戻した」というべきか。

神戸薬科大学准教授赤井朋子によれば、チャールズ・コクランは、花子が呼ばれるまえに

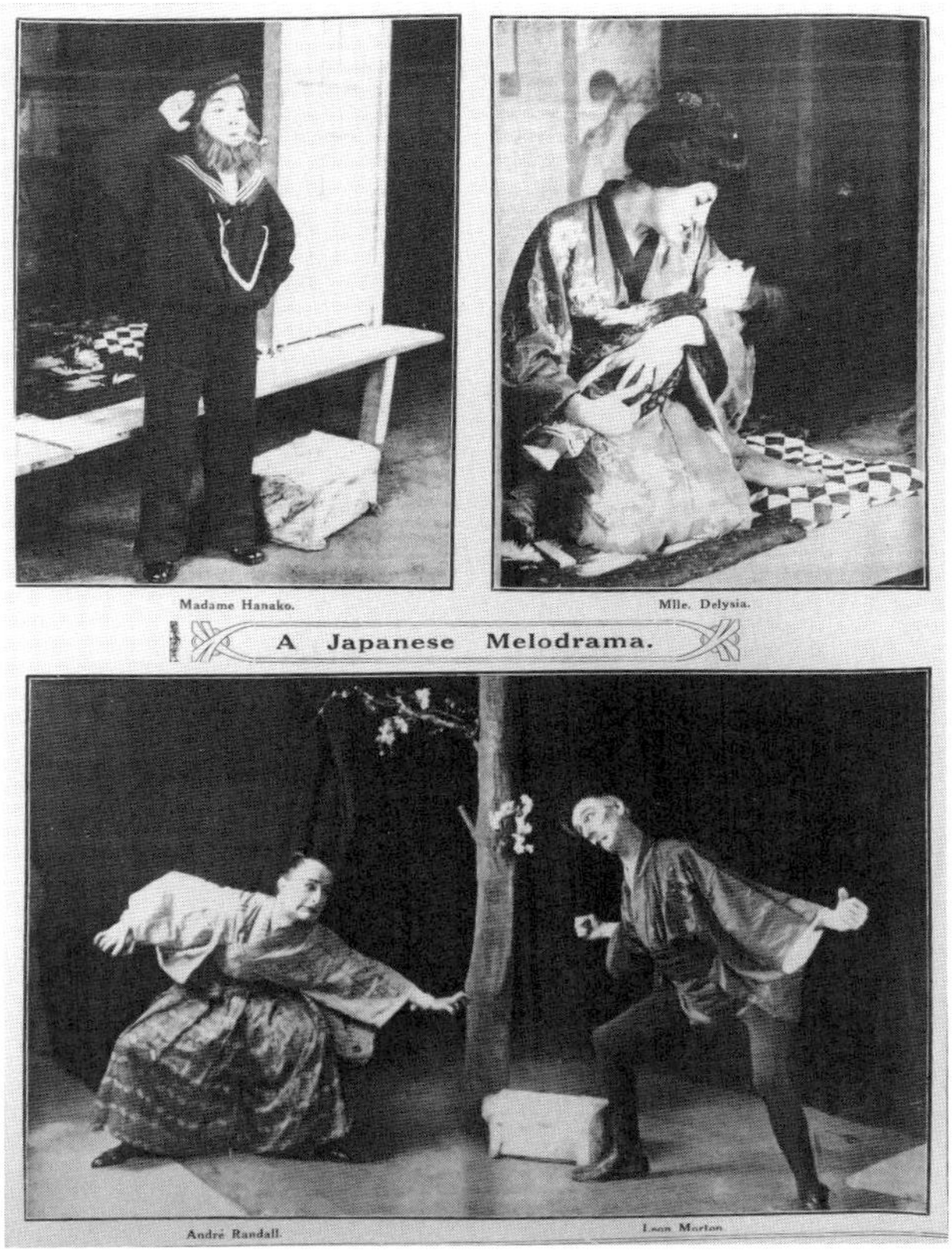

1915（大正4）年、ロンドンのアンバサダーズ劇場で上演された『MORE』で水兵に扮する花子（左上）。（岐阜県図書館蔵）

ミュージカル「ODDS AND ENDS」で当たりをとっていた。「More」は、文字通り「もっと」という意味で、「ODDS AND ENDS」の「パート2《ツー》」である。

この企画のなかで花子は端役に回され、一座の踊り子は日本舞踊を一場に挿入する形に後退した。そして花子にも、

〈踊りにしても日本の手踊りと云ふものよりも、もつと根強い日本の国民性の顕はれた日本古代の伝説を取扱つて居る踊りを〉（「聞き書き（1）」）

と、新機軸を期待する注文がついたのである。

一時帰国を覚悟した花子は、ロダンに手紙を書いた。

〈「拝啓　パリへ御帰りになりました由、また、大層御健勝の由承りまことに嬉しく存じ上げます。私はまだ同じ劇場に居ますが、仕事は以前よりもずっと好調ですので、どうか御休心下さい。最近撮った写真を御送りします。奥様も御健勝でいられますことを心より望み居ります。私は長い間懇望しておりましたのですが、どうか私の彫刻の一つを私に御送り頂けます様御願い申し上げます」一九一五年七月九日付。英語〉（澤田『ロダンと花子』所収）

ロダンは、ロンドンから南仏に行って養生をし、五月にいったんロンドンに引き返してローズとロイ・フラーを伴ってローマへ。そしてパリにもどっていた。

もう一通、前便から三ヶ月後の手紙がある。

〈ロダン先生
もっと早くお便りしなかった自分に腹を立てております。でも先生には御元気にお過ごしのことと存じ上げます。
戦争はあとどのくらい続くものなのでしょうか。何と恐ろしいことで御座いましょう。戦争に勝って欲しいし、その勝利が一日も早く来ることを願うばかりで御座います。数日前でしたでしょうか、ツェッペリン型飛行船が飛んで参りまして、それはそれは怖い思いを致しました。
私が日本を後にして以来長い月日になり、帰国したいと、この三年来願っていますが、その機会がありませんでした。しかしながらこの度こちらの劇場の契約完了期間を待たないで帰国致す決心を致しました。（中略）
五月にお越しの節には大変ご親切にして頂いた事は決して忘れません。そして又世界中に名前の知れ渡っている芸術家が、お友達であることを、わたくしはこの上なく誇りと感じている次第で御座います。
何時イギリスを離れるかまだ分かりませんが、そんなに長くない時期に発つ考えでございます。
つきましては先生がパリに滞在されておられる時期をお知らせ下さい。昔はいつも親切に歓迎して下さいましたので（今回は特に先生から）ご招待を頂いておりませんが、私の方から先生がいらっしゃる頃（先生方に）お会いするために（パリへ）出かけたく存じ上げます。

土曜日と日曜日の二日間を、お二人とご一緒に過ごせればと思っております〉（『資延版』所収）

花子の手紙は、つぎのようなむすびである。

〈お宅にお伺いしたら先生に何を所望致しましょうか。先生の作った彫刻を頂戴できればと思います。もし（頂ける）彫刻が無いようで御座いますなら、先生御自身の手で作られた何かを頂きたいと思います」一九一五年十月十二日付。フランス語〉（『同』所収）

花子は、是が非でもロダンの作品がほしかった。十八ヵ国語で激賞された劇評とロダンの花子像が、ヨーロッパにおける花子の〝勲章〟だったからである。

ロダンから返事があった。

〈「親愛なる友へ

貴女からのお便りたいへん興味深く拝見致し、小生の事を思い出して頂き感謝しております。

このところ小生はパリというか、むしろムードンにおりまして他所へ出かけることはありません。依ってパリへお出かけの節には、何時なりともお立寄り下さい。ご承知のように喜んで貴女を数日間当地で御歓迎致します。

何時イギリスをお発ちになるかお知らせ下さい。オーグ（スト）・ロダン」一九一五年十一月五日付〉（『同』所収）

ここまで連絡をとっておきながら、花子は、ロダンを訪ねることができなかった。〈戦争（勃発）後私達は倫敦《ロンドン》のアンバツサア劇場にずつと今日迄一年半余りの間二週間休んだ限《き》りで懸《かか》つて居りました〉（「聞き書き（1）」）と、語っているように、休日さえとれない日々をおくっていたのである。

翌大正五（一九一六）年夏、花子はロダンに電報をうった。

「日本へ帰ります。途中、パリに寄ります。ハナコ」といった内容である。

こんどこそかならず行こうと思ったが、不可能だった。ドイツの潜水艦が遊弋《ゆうよく》するドーバー海峡が危険になり、イギリス北部の港から臨時船に乗った花子は、フィンランド沖を通ってペトログラードに上陸し、シベリア鉄道経由で帰国してしまったからである。川村泉とブルドッグの「ベルス」をつれて――。

ロシアの二月革命

母うめは、四女たかをが経営する岐阜市西園町の置屋「新駒」に身をよせていた。

1916（大正5）年にロンドンで撮影された花子。裏面に「大正五年帰朝ノ途ロンドン」とある。
（ぎふ「ロダン＆花子」の会蔵）

岐阜に数日間滞在した花子は、うめと川村、「ベルス」とともに上京。渋谷に住む生田葵山の家の背中合わせになった「有馬館」に投宿した。

新しい台本と舞台装置、新人女優と舞踊や芸事を教える師範の人選を頼んでおいた葵山が、ひとまず浅草で四人の女を調達してくれていた。外務省に提出した旅券の申請書には、花子を入れて五名の氏名と本籍地の記載がある。

太田ひさ　　岐阜市西園町　四十九年十一ヶ月。

西田きくゑ　東京府荏原郡　十四年九ヶ月。（父作郎四女）。

木内清《きよ》　茨城県久慈郡　二十三年十ヶ月。（鉄之助妻）。

久保幸《さち》　東京市浅草吉野町　十六年十一ヶ月。（父源治郎四女）。

森川しづ　東京市浅草柴崎町　十四年八ヶ月。（父幸吉三女）。

花子と木内清のほかは、未成年である。申請には、とうぜんに川村泉も含まれていなければならないが、外務省外交史料館所蔵「外国旅券下付表」の東京と横浜、川村の本籍「熊本の部」にはなかった。そもそもの英国への入国自体が不法だったせいか、なにか〝奥の手〟が想像できる。このとき川村は、三十二歳である。

身元調査がなされている間に、花子は母を日光へつれて行った。永年の親不幸を詫びる気持もあっただろうが、狙いは自分がいない間に、「女優の卵」を「新駒」に預けて芸を仕込むためだった。

花子が月刊誌『新日本』の記者の取材をうけたのは、十二月ごろか。おそらく同誌編集部に人脈をもつ葵山の手配であろう。大正六(一九一七)年の新年号に、「芸者で洋行し女優で帰る迄の廿年」と題して大々的に取り上げられた。

花子はいったん、「女優の卵」を連れて岐阜にもどった。澤田助太郎の手許に、そのときの写真がある。花子を中心に四人の女が椅子に腰掛け、一族郎党が立ち並ぶそのまえに、愛犬「ベルス」の背中に手を添えた川村泉がしゃがんで写っている。

もう一枚ある。羽子板を手にした花子と女たちの写真である。大正六(一九一七)年の正月であろう。このとき泊まった「うかい旅館」の裏庭で撮ったこれらの写真を、ドナルド・キーンが太田英雄から譲り受けたのである。

花子と川村泉は、「ベルス」をつれて東京へひきかえした。

「ベルス」は、英国王室で飼われているブルドッグと兄弟だった。いわゆる「血統書」づきだが、日本ではあまり見かけなかった。報知新聞社主催の犬博覧会に登場させところ最優秀賞をとり、花子ともども有名になった。やがて「ベルス」は、本郷向ヶ丘に邸宅をかまえる金融業の横瀬琢之に買いとられることになる。

〈マダム花子は、戦争は後半年《あとはんとし》もすれば終了するものと見込を附けて居た〉(生田葵『禁慾者の妻の

踊り子募集のために愛犬ベルス（右下）とともに一時帰国した花子（前列中央）と踊り子たち（うかい旅館の裏庭にて）。最前列右端のベルスの後ろが川村泉。
（岐阜県図書館蔵）

羽子板を持って勢揃いした踊り子たちと花子（中央）。（ぎふ「ロダン＆花子」の会蔵）

容貌』文藝春秋、昭和六年）

花子は、新しい台本と新人女優を連れて、ロンドンに戻ろうとしていたのだ。

ところが、そうはならなかった。

大正六（一九一七）年三月八日（ロシア暦一九一七年二月二十三日）、ロシアの首都ペトログラードに大騒動が持ち上がった。「露国の革命」と日本で報道されたのは、三月十七日だった。

〈露国皇帝退位　露都来電＝露国公報に曰《いわ》く露国皇帝は退位せり〉（『東京朝日新聞』）

同年二月二十六日に旅券が発給され、出発の日を待っていた花子は愕然《がくぜん》とした。

長くなるとみた花子は、葵山の家のちかくに一軒家を借り、タラセウィッチ伯爵令嬢に手紙を書いた。

〈英国へは独逸の潜航艇の為め渡ることが出来ないやうになつたものですから、其の以前伯爵令嬢の御勧めもありましたから、ひよつとしたら露国の興行をと思立《おもいた》つて御問合せをしたんです〉（「聞き書き（２）」）

花子は、革命を報じる新聞を読みつづけた。

「ロマノフ家に最後の幕」と報道されたのは、四月十九日だった。

雑誌『新日本』の二回目の取材をうけたのは、そんな直後である。

〈露西亜《ロシア》は革命が起つて民主党の方々の世界となり、あの厳めしい皇帝の御行幸の鹵簿《ろぼ》はもう見られないのかと思ふと、全く変つた気分に襲はれます〉（「同」）

花子は、ロシア革命から語りはじめている。

〈其れに附けても想出さるゝのは御馴染を重ねた莫斯科《モスクワ》の芸術座の御方達です。又其れにも増して私の気に懸《かか》るのは伯爵令嬢のタラセウヰッチ博士の夫人です〉（「同」）

花子の出発時期は不明だが、伯爵令嬢の返事を受け取ることはできなかった。

朝鮮から長春に出、東清鉄道に乗り換えてシベリア鉄道に乗り入れる。ペトログラードまでは通常二週間ほどだが、イギリスへわたる船便の予定がつかなかった。

ドイツの潜水艦は、北海にも出没していた。

〈再び英国へ向かう航海の途上で、前を行く船がドイツの潜水艦に撃沈されるさまを、目のあたりに見て戦争の恐ろしさを改めて実感した〉（澤田『ロダンと花子』）

と、花子はのちに家人に語っている。

終章――料亭「湖月」のマダム

ロダンの死

ロンドンに到着する花子を待っていたのは、ロダンの秘書兼伝記作家ジュディト・クラデルの手紙だった。消印をみると、半年まえに投函されている。

〈「一九一七年一月十四日　パリ、ベレヌ街（ビロン館の所在地）

拝啓　今夏いただきました貴信に対して、ロダン先生は私に返事を書くように求められました。あなたの電報を受け取った時、ロダン先生は重病でした。今はその時よりは良くなりましたが、本当にお元気になられるまでは長い休養が必要です。奥様もまた、この冬は大そうお加減が悪いのです。ロダン先生は、あなたが日本に帰国される前に会えなかったので大そう残念がっていらっしゃいました。しかしその頃はお医者様から面会謝絶を命じられていたのです。（中略）

先生は、オテル・ビロンがロダン博術館になることを大層喜んで居られます。先生はあなたに、あなたをモデルにした面像を差し上げることをお忘れになっては居ませんが、博物館がきちんとできるまでは手が離せないのです。

私のひどい英語をお許し下さい。そしてくれぐれも、ロダン先生を信頼なさいますように。

いつもあなたの忠実な友である、ジュディト・クラデルより」〉（澤田『ロダンと花子』所収）

昨年の夏、帰国を決めた花子は、ロダンに電報を打った。ところが花子は、パリに立ち寄れないままイギリスからロシアを経由して帰国した。だが、事態が変わってしまった。このまま放置したら、花子に彫刻を渡せなくなる。だからロダンは、クラデルに手紙を書かせたのである。

健康を損なったロダンの悩みは、膨大な数の作品と財産をどのように保存するかであり、ジュディト・クラデルの悩みでもあった。クラデルがロダンの意をうけて政界と美術界の説得工作にうごきだしたのは、一九一二（大正元）年だった。ショワズール公爵夫人を遠ざけたあとも、ロダンの周囲を徘徊する〝貪欲な美しい婦人たち〟が、作品を狙っていた。

ロダン美術館の設立は、ロダンの名声を快くおもわない保守的な美術界、とりわけロダンの作品を認めなかったアカデミーの会員たちと、頑迷な修道女の団体が反対していた。政界に人脈をもつクラデルは、ひそかに署名をよびかけた。

署名運動は、大戦争勃発のために中断したが、クラデルの各界への懸命なよびかけにより、一九一六（大正五）年四月、フランス議会が設立を採択し、第一回の寄贈がおこなわれた。

同年七月、ロダンは、脳溢血で倒れて半身不随になった。花子の帰国を知らせる電報は、その直後、面会謝絶中のロダンに届けられた。だが花子は、来なかった。

ときおり、ロダンとローズ・ブーレとのあいだに生まれた息子夫婦が、看病と称してきては作品をもちだした。結婚を約束したという女が邸内に入って遺言書を書かせようとする。理性をうしなったロダンは、こうした闖入者《ちんにゅうしゃ》にもみくちゃにされていたのである。

クラデルは、残る作品の政府への寄贈をいそがせた。九月になって事態が急速に進展し、十二月にはすべての財産が政府の所有になった。さらにクラデルは、正当な妻として遺産を相続すべきローズ・ブーレとの結婚を、ロダンに承諾させるのである。

あけて一九一七(大正六)年一月になった。こうした情況の変化を心配したロダンは、クラデルに花子宛の手紙を書かせた。だからクラデルは、ロダン先生を信頼して——と。

それと同じ年の一月二十九日のこと。

〈お話にならない終末があった。それはほとんど信じ難いもので、二人の老人が住む、石炭に事欠き暖房のよく効かないムードンの家のなかで起こった。(中略) ヴィラの傍らにあるアトリエのなかで、ロダンは——うわの空の様子で——ローズと結婚式を挙げた〉(モニック・モーラン、高橋幸次訳『ロダン』)

ところが伝記作家ベルナール・シャンピニュルが描くと、つぎのような結婚式だった。

〈ブリアンの大広間は式場にふさわしく飾られ、十数人が列席した。ロダンは幸せそのものに見えた。

「こんなに気分の良いのははじめてだ」と、かれはくりかえした。「いよいよ私も身を固める、というわけだ。」

かれはフロック・コートを着、例の大きなベレー帽を被った。ローズは地味な服装で、胸が激しく痛んだが威儀を正していた。市長が儀式の次第に則り質問しても、ロダンはファン・ゴッホの絵に気をとられていた。やむなく質問は再度発せられる。「はい」、かれは穏やかに言う。

「はい、心から愛しております」とローズが続いて答えた。

ローズは式に疲れ寝こんでしまった〉（ベルナール・シャンピニュル、幸田礼雅訳『ロダンの生涯』美術公論社、昭和五十七年）

この結婚式は、クラデルとロイ・フラーが取り仕切った。

同年二月十四日、ロダンを残してローズ・ブーレ・ロダン夫人が他界。七十三歳だった。

同年十一月十七日午前四時、オーギュスト・ロダンが逝った。

〈大正六年に芸人を連れて再びロンドンへ行つて芝居を遣《や》つて居る内にロダンさんが死んだと云ふ新聞を見ました〉（「花子の話」）

マルセイユの博覧会場で会って足掛け十四年。「五月にお越しになった節」と手紙に書いた大正四（一九一五）年の五月が〝見納め〟となった。

花子は、お悔やみにでも行きたいと願いながら、このときも身動きできなかった。
だが、大正七(一九一八)年四月、仕事でパリを訪れた花子は、着実に手をうっていた。

ロダン美術館に残された花子の書簡

花子がロダン宛に、また美術関係者宛に書き送った手紙が八十数通、ロダン美術館の古文書として保存されている。出色なのは、「花子像」引き渡しの交渉をする手紙類である。

〈「大臣様

ロダン美術館設立委員会会長に、勝手ながら私の胸像について御問い合せ申し上げます。その胸像の二点を先生(ロダン)は、一つは東京の美術館、もう一つは私共の親しい交際の記念のためと、また無料で先生のモデルになったお礼にと、私に下さることを約束して下さいました。(中略)

この約束は先生の秘書である、ジュディト・クラデルさんも証言して下さることと存じます。(中略)

私は来月の初めにパリをたたねばなりませんので、私の出発までに、結論が下されません場合には、どうぞ私の胸像を私の同国人のH・諏訪氏に返して下さいますようお願い致します。

私はその人に受取人としての全権を与えておりますので」一九一八年四月二十七日付。パリにて〉(澤田『ロダンと花子』所収)

この大臣は、クラデルの署名運動を支援した商工大臣エティエンヌ・クレマンテルである。またH・諏訪氏は、花子は日本の大使館員としているが、実は、モンマルトルの安宿「諏訪旅館」の主人である。陸軍士官学校をでた諏訪は、大尉のときに選ばれてフランス留学となったが、パリ美人に惚れて任地で退役。軍籍に残っていたら上原勇作大将クラスに出世していたという。士官学校出身者の名簿で確かめると、「士官候補生」の第一期、明治二十三(一八九〇)年の卒業生に「諏訪次郎」なる人物がいるが、花子が書いた「H」のイニシアルに付合しない。前後の期に該当する「諏訪」姓がいないところをみると、改名したか、軍籍から除籍されたか。とにかく「H・諏訪」氏は、日本大使館の信頼が厚かった。のちに画家藤田嗣治もまた、日本人ならばかならず世話になったという「諏訪旅館」の主人に言及しているが、フルネームの記載がない。

大臣秘書は、すぐさま設立委員会会長ベネディットに連絡した。ルクセンブルク近代美術館の館長であり、のちに松方コレクションの相談役となるレオンス・ベネディットである。

〈「私と致しましては、巨匠が花子に大きな共感を抱いて与えた言葉が守られるように、私がすべきことをすべてやるつもりです。私の格別の気持をお受け下さい」五月十一日〉(『同』所収)

花子はまた、ロダンのもうひとりの秘書マルセル・ティレル夫人にも書いている。

〈「あなたがマダム・ハナコに一通の手紙を書かれた覚えがあるかどうかお伺いしたいのですが、その手紙には、先生が彼女に彼女の胸像の二個を与えるお約束をしていらっしゃること。一つは東京の美術館に、もう一つは親交の記念と無料でモデルをしたお礼に彼女自身に。

（中略）

あなたが私に有利な情報を与えて下さるに相違ないと存じますので、あなたにお会いしたいのですが、なるべく早く御返事下されば幸甚に存じます」五月六日付〉（『同』所収）

ティレル夫人は、ボケがはじまったロダンの介護を引きうけていた。

五日後、ティレル夫人から花子へ返信があった。

〈「私は貴女に会いに行く所存でございます。あなたの二つの面像の贈与に関して、ロダン先生が貴女に手紙を書かれたと断言することは私にはできません。しかし、一九一四年八月にムードンの先生のお宅で、私が同席中、口頭で先生があなたに二点の面像だけでなく、オテル・ビロンにあったパト・ド・ヴェール（ねりガラス）で作ったものも（与えることを）約束なさったことを断言できます。私はロダン夫人の面像と共にそれらを私自身とりに行くことさえ任されていたのです。でも私はそのお役目はお断り致しました。と申しますのも、あのように危険が多い時にあのようにこわれ易いものをもって旅行することに責任をもちかねま

したから。（中略）

もし私に都合がつけば明日の日曜日午後三時頃そちらへ参ります」五月十一日付〉（『同』所収）

このとき南フランスへの巡業があった花子は、すべてを諏訪に託してティレル夫人と会うことはできなかった。帰途、パリに立ち寄る予定もあったが、これもロンドンの契約があって、結局、ティレル夫人には会えなかった。

四十八日後に書いたティレル夫人宛の花子の詫び状がある。

〈「御一しょにロダン様のお墓へおまいりしたく思って居ましたが、まことに残念なことに、私は突然にロンドンに契約が決まったため、数日前に英国へ帰りました。私はパリを通りましたが、そこではほんの二、三日しかありませんでした。（中略）今度の冬には再びお目にかかるべく、パリに出かけるつもりです」六月二十八日付〉（『同』所収）

大正七（一九一八）年十一月、ようやくドイツが降伏して平静さをとりもどした。

その年の暮れ、花子は、パリを訪れた。

〈暮にパリーに芝居の契約があつたから商売旁々《かたがた》パリーに行つて聞くと田舎のロダンさんのお宅にお墓があると云ふ事でしたからすぐにお宅へ行きました〉（「花子の話」）

花子は、最初、ビロン館（ロダン美術館）にジュディト・クラデルを訪ねた。そしてロダン夫妻がロダン邸の庭に葬られていると知った花子は、ムードンへ向かった。

門のところに顔見知り男が立っていた。名前は知らないが、馬の飼育係兼馭者である。

「ロダンさんが亡くなったことを知っているかい？」と、男。

「それを知って、お墓にお参りにきたんです」と、花子。

花子は、曲がりなりにもフランス語と英語が喋れるようになっていた。

「ここは政府の管理下にあるが、ハナコのことだから門番に掛け合ってやろう」と、男。

花子が門を入ると、愛犬ラダがしっぽをふって飛びついてきた。

〈私はラダの首に抱き付いて泣きました〉（「同」）

ロダン夫妻は、中庭にある「考える人」の下に葬られていた。

〈私は涙ながらにお墓まゐりを済ましてパリーへ帰りましたがロダンさんの作品は総て政府が保管する事になつて仕舞つて、お約束の私をモデルとして拵《こしら》へた像《かた》は貰へない事になつたので〉（「同」）

もちろん花子は、断念しなかった。在パリの諏訪なる人物に政府との折衝を託して、ロンドンにもどった。商工大臣やクラデル、ティレル夫人などの手紙がロダン美術館の古文書として保存されたのは、交渉の証拠資料として花子が提出していたからである。

花子は、ロンドンのドーセット・スクエアに日本料理店「湖月」を開いた。日本帝国大使館にちかい官庁街である。仕事が減った座員を食わせるためだった。そして、料亭の〝マダム・

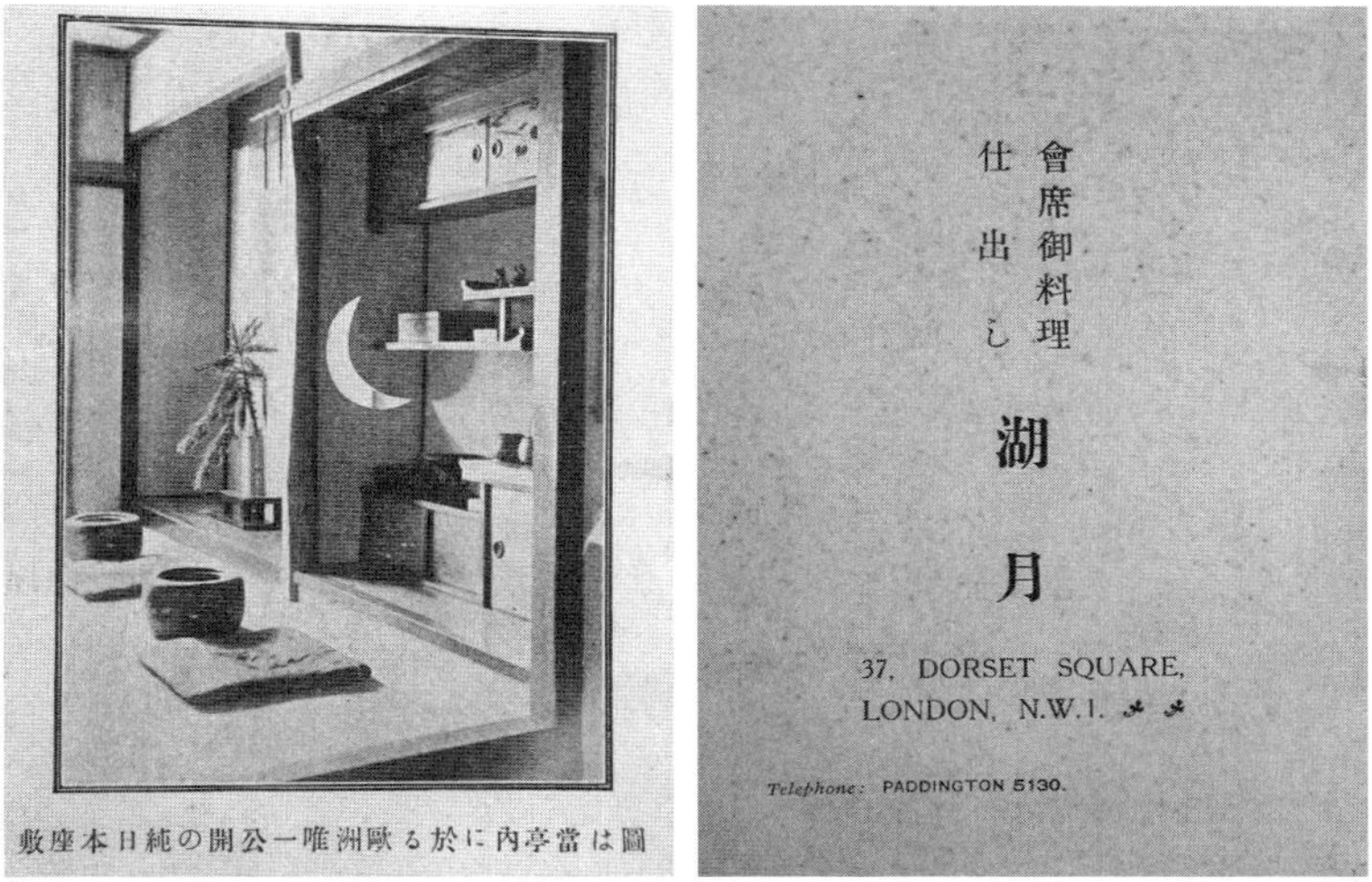
圖は當亭内に於る歐洲唯一公開の純日本座敷
會席御料理
仕出し
湖月
37, DORSET SQUARE,
LONDON, N.W.1.
Telephone: PADDINGTON 5130.

花子がロンドンに開店した日本料理店「湖月」の葉書（表裏）。
（ぎふ「ロダン＆花子」の会蔵）

ハナコ〟として在留邦人の評判をとることになる。

それから一年後――。

〈番頭と二人で再びパリーへ参り心安い旅館に宿つて諏訪さんに頼み色々政府へ願つて「空想に耽《ふけ》る女」と云ふ像《かた》を一ツだけ貰つてロンドンへ帰りました〉（「同」）

これでは、ロダンとの約束の半分であった。

大正十（一九二一）年の春、花子は、またもパリへむかった。

〈又々パリーへ行つて諏訪さんの尽力を請《こ》ひ宿屋住まひをして俟《ま》つて居る内に政府から「死の顔」と云ふ像《かた》を渡して呉れましたから夫《それ》を貰つて飛行機でロンドンへ帰りました、此《この》「死の顔」と云ふのはロダンさんが非常に御苦心になつて彫刻されましたので之《これ》が出来上がりました時にロダンさんから決して他のモデルになつて呉れるなとおつしやいました〉（「同」）

花子は、ついに念願を果たした。ジュディト・クラデルも、ロダン美術館の初代館長に就任して、すべての努力が報われたのである。

料亭の女将マダム・ハナコ

ロンドンには、駐在員や旅行者、留学生が日本から大勢くるようになり、料亭「湖月」のマダム・ハナコの人気も、うなぎのぼりだった。

ちょうど花子が「死の顔」の面像《マスク》を受け取ってきた五月末、武林無想庵《たけばやしむそうあん》・文子夫婦が、生まれて半年にもならない娘イヴォンヌを抱いてパリからやってきた。

今日、武林無想庵の名前を知るひとは少ないが、フランス文学の翻訳者であり、博覧強記の知識人として鳴らしたダダイズムの作家である。

〈到着したビクトリア停車場のプラットホームには、生田葵山の紹介状をいれて、あらかじめパリから手紙を出しておいたマダム・ハナコの「湖月」から、番頭役のKをはじめ、二、三の日本人が出迎えにきてくれていた〉（『むさうあん物語』私家版）

〈主人はロダンの彫刻のモデル花子である。花子の行方は杳《よう》として知れないと伝えられたが、なにロンドンにいたのである〉（山本夏彦『無想庵物語』文春文庫、平成五年）

すでに女優「マダム・ハナコ」は、過去のひとになっていた。武林夫婦がロンドンに滞在して「湖月」へ食事にくるたびに、花子はイヴォンヌをあやすことに熱中した。そしてそのころ、岐阜の実家から母うめがガンに罹《かか》ったという報せが届いた。

明治三十五（一九〇二）年から約二十年の滞欧生活は、ここで燃えつきるのである。

森鷗外が『花子』を書いた。小山内薫が『北欧旅日記』で花子を恥じてみせた。また、武林無想庵が書き、おなじく作家吉行エイスケは「湖月（小説では「胡月」）」の花子が、ロダンを回想するかたちで小説『バルザックの寝間着姿』に「花子の首」をとりあげた。その他もろもろの作品群は、花子が放つ強烈なインスピレーションの所産である。

だが日本人の多くは、ほんとうの花子を理解できてはいなかった。

〈花子は決して、同時代の日本人が恥じるべき無名の女優などではなかった。異文化衝突が放つまばゆいまでの光を一身にうけた花子は、東洋と西洋をむすぶ一種のトリックスター的な存在として、ヨーロッパはもとよりロシアの芸術の春の到来に、ささやかながら貴重な貢ぎものをしたことだけは記憶にとどめてよいだろう〉（「坂内・亀山論文」）

トリックスターとは、旧秩序や異文化を攪拌《かくはん》して新しいものをもたらすものをいう。古事記のスサノオ、西遊記の孫悟空、ギリシャ神話のプロメティウスなどの〝荒ぶる主人公〟たちである。

西洋の模倣ではなく、また日本の伝統をも打ち破る存在として、女優「マダム・ハナコ」は、縦横無尽の活躍をしたのである。

花子の帰国

大正十（一九二一）年十月十四日ごろ、花子は、料亭をそっくり川村泉に譲り、足りなくなった茶碗や什器《じゅうき》を日本から送る約束を交わして、帰国の途についた。

花子が乗ったのは、日本が戦時賠償として受け取ったドイツの客船「クライスト号」である。この船は、日本人にも〝お馴染み〟だった。

外務省外交史料館に「欧州戦争敵船積載邦人貨物関係雑件」というファイルがある。ドイツの船に積載した貨物に関する陳情書などを綴った史料である。

そのなかに、百合根《ゆりね》輸出業の高木商会が外務大臣加藤高明に陳情した、大正三（一九一四）年十月付の書面がある。

高木商会は、大正三（一九一四）年七月十四日に横浜を出航したドイツのロイド社所属の「クライスト号」に百合根を積み込んだところ、戦争が勃発。スマトラ島のパダン港に遁れた同船は、イギリス海軍に拿捕《だほ》されてしまった。わが社の積荷はどうなるのかという問い合わせと、積荷保険適用の要望書である。

同船は、横浜―アントワープ間に就航していたが、拿捕後の消息は不明だった。しかし戦後、「ロンドンのドックに係留中」と「巴里平和会議　賠償委員会　船舶（五）」と題した外交史料館所蔵のファイルに登場する。

大正九（一九二〇）年七月、日本は賠償船として「クライスト号」ほか七隻を獲得した。ところが過剰時代を迎えた客船は、国内の船会社に引き受け手がなかった。

同年十月、政府は、日本郵船に移送業務を委託したが、六年間放置されたドック停泊料の支払いが生じた。同年十二月、永井松三臨時代理大使から内田康哉外務大臣宛の秘匿電は、「費用の負担は暫定的に政府勘定にすべき」として、同年十一月二十日、ドイツ人船長および乗組員によってロンドンを出航できた。

翌年一月十七日に神戸に到着した同船は、大蔵省の財産に組み入れられ、日本郵船に貸与された形で欧州航路に就航。大正十(一九二二)年二月二十五日と同年七月三十一日の二回だけ、横浜港を旧船名のまま出航している。

花子の乗船は、その二度目の航海の帰路である。この帰国の時期がナゾだった。

〈太田家の遺族の間では、かねがね、養嗣子の太田英雄が岐阜中学を卒業した年(大正十年)に花子が帰国したと語られていたが、筆者(澤田助太郎)は花子関係の古いアルバムにはりつけられた数少ない写真を何度もながめ、何か手がかりになるものはないかと考えていた。しかし、帰国の時期に関係のあるものと言えば船上で撮ったものが一枚あるだけである〉(澤田『ロダンと花子』)

花子の写真機で撮影した記念のワン・ショットである。毛皮のコートを着た花子を真ん中に、八人の男がとり囲んでいる。一番前にしゃがんだ男が、賠償会議を取材して帰国する、国際的に名の売れた大阪毎日新聞主筆の高石真五郎である。ロンドンでは、「湖月」の常連であっ

帰国の船上の花子（中央の女性）、最前列が大阪毎日新聞主筆の高石真五郎。
（ぎふ「ロダン＆花子」の会蔵）

た。

『大阪毎日新聞』が「ロダン作の女の首」と題した連載記事を掲載したのは、大正十一（一九二二）年一月二十日から同月二十三日までの四回であった。こんな書きだしである。

〈その女の首は昨年十二月の初《はじめ》欧州通《がよ》ひのクライスト号が神戸に入港《じっこう》した際あまたの船客《せんかく》と共に吐き出された〉（連載第一回。一月二十日付『大阪毎日新聞』）

この記事を書いたのは、同紙の若手記者長岡四郎である。岐阜へ取材に行くよう命じられた長岡は、高石から詳しく聞かないまま花子を訪れたのであろう。それゆえであろうか、大正十（一九二一）年十二月の初めに花子は高石とともに「神戸で下船」と解釈した。大阪本社に勤務する高石の神戸下船は当然としても、花子が降りたかどうかの確認を怠ったようだ。

澤田助太郎は、アルバムから写真をはがした。その裏に、

〈「船の振動で少しボンヤリしました。私は旅の都合で三十日朝東京発特急で帰郷しますので、暮にはお目にかかれませせぬ。正月ゼヒ」〉（澤田『ロダンと花子』）

と書いてあった。封筒に入れて郵送したものだが、宛名書きがない。

一方、「クライスト号」は、つぎの航海から「吉野丸」と船名を変え、大正十（一九二一）年十二月二十三日の出航予定で乗船券を発売していた。

当時の客船は、船が入港してから乗船券を発売した。『大阪毎日新聞』に書かれた「十二月

初」には横浜へ入港し、発売前日の十二月十二日には出航待機する。つまり花子は、それ以前に横浜に到着していたのである。(「吉野丸」は艤装《ぎそう》工事が遅延して翌年一月四日に出航)。

しばらく東京に留まった花子は、撮ったフィルムを写真屋にだし、愛犬「ベルス」に会いに本郷向ヶ丘の横瀬琢之邸を訪ねた。横瀬邸では「オールド・ボーイ」と呼ばれていたが、すでに死んで、はく製になっていた。そして花子は、生田葵山やロンドンで別れた一座の「女優」たちを訪ねたのであろう。

船上で撮った記念写真を関係者に郵送。澤田家に残った一枚は、そのときに送られたのものだが、「新駒」に同居する母うめ宛ではなかった。

当時の特急列車は、一日一本だけ。東京駅を午前九時三十分発に乗れば、午後五時十八分には岐阜駅に到着する。花子は、その日の夕方には「新駒」の家族とは会えるのである。わざわざ写真の裏に「正月ゼヒ」と書いたのは、長良川畔で置屋「花駒」を営む末の妹さくに宛てたものであろう。これならば、辻褄《つじつま》があう。

大正十(一九二一)年十二月三十日夕刻、花子は、帰郷した。五十三歳である。

花子と鷗外の対面ならず

「新駒」に旅装を解いた花子の〝宝物〟は、滞欧二十年のすべてを物語る二体の花子像と十八ヶ国語で書かれた劇評であった。毛皮のコートに縫いつけて持ち帰った宝石類を弟妹に分け与えた花子は、「新駒」の庭に八畳二間の家を建て、歌舞音曲のたぐいを捨てて隠居生活に入ろうとしていた。

帰国から三ヶ月ほどしたある日のことである。

神代種亮《こうじろたねすけ》なる人物が、表紙にクジャクの絵をあしらった本を送ってきた。森鷗外の短編集『涓滴《けんてき》』（新潮社、明治四十三年）である。表紙は、印鑑などに用いる篆書体《てんしょたい》で「涓滴」と書いてあるだけで、著者の名前はない。ページをめくると白紙。つぎのページに「涓滴」の活字文字と水差しの絵。漢字にルビはない。つぎに「森林太郎著」とあり、つぎのページから目次もなしにいきなり短編「杯」となる。

花子は、この「涓滴」の表題を読めたであろうか。滴《しずく》のような〝ささやかな〟作品集だという謙譲の意味を解したであろうか。

短編『花子』は、二番目に掲載されていた。それも説明のないフランス語が並んだ作品である。そして収録した十四編の小説のあとに、目次が載っている。これを有り難がって読んだ読者もいたであろうが、謙譲どころか、独善が鼻につく編集であった。

これを送った神代は、鷗外と同郷津和野出身の「校正の神様」とよばれた男である。

「上京の機あらば、森鷗外先生と小集をもちたいが、如何」

と書いた手紙が添えてあった。花子と鷗外を会わせよう試みたのである。

この手紙のエピソードを伝えるのは、東大教授平川祐弘《すけひろ》である。彼の著作『和魂洋才の系譜』（河出書房新社、昭和四十六年）は、花子の帰国時期を割り出すために書いている。

〈神代種亮が亡くなってその蔵書が売りに出た時、森亮《もりりょう》教授は神代氏旧蔵の書物を一冊買い求められた。するとその書物の頁と頁の間から太田花子から神代種亮に宛てた手紙の一片が出て来、そこに神代氏が朱筆で次のように書き加えてあったのである。

「花子がロダンの『ハナコ』を齎《もたら》して帰郷したといふ報が新聞に出たので森先生の『花子』を送り且つ上京の機もあらばロダンの花子を中心に森先生と小集を催し度いと言つてやつた其返事の一片が此れである　高村光太郎君と語つた事もある　然るに今や鷗外先生亡《なく》し　矣《かな》」〉

花子の返事は掲載してないが、「四月十日」の日付になっていたという。お茶の水女子大学で英文学を教える森亮教授は、平川の東大時代の二年先輩である。

ちょうど、フランスの画商エルマン・デルスニスが、農商務省展示室を借りて開催する仏蘭西現代美術展が話題になっていた。ルノワール、シスレー、ピサロらまじってロダンの作品三十六点があり、花子がモデルになった「空想に耽る女」が注目された。これを機会に鷗外と花子を会わせようという計画は、鷗外が病臥中（大正十一年七月九日死去）で実現しなかった。

ちなみに神代種亮は、昭和十(一九三五)年三月に他界するが、もう一度花子に関係してくる。いずれにせよロダンと関わった花子は、静かに隠居していられなかった。

花子の名は、生家のあった愛知県上祖父江にも馳せていた。

太田家の郷里に、村社八剣《はちけん》神社がある。澤田助太郎が訪れたときには、太田八右衛門が奉納した大篝火籠《おおかがりびかご》があった。石造りの角柱に、鉄製の籠を掛けたりっぱなものだった。澤田はそれを、太田家の財力をしめす記念碑とみた。

ところがのちに訪ねた資延勲は、「大正十四年御造営記念石碑」の裏面に太田八右衛門の名前を確認してから、ふと疑問におもうのである。

大正十二(一九二三)年のころの太田家は、すでに上祖父江には住んでいなかったからである。八剣神社の氏子総代が岐阜に移った太田家をたずね、濃尾大地震で倒壊した神社を再建したいという。太田八右衛門はすでに亡く、うめは病臥中。当主となった勤め人の角次郎には、「いまさら」という気持があっては気が重い。これを「うけた」のは花子だった、と資延は推理するのである。

長く異国に暮らしたものが意識させられるのは、国籍であり、出自である。素封家の長女に生まれた花子は、太田家に婿入りした父八右衛門の名前を、しっかりと石に刻みつけておきたかったのである。そしてうめは、神社造営中に他界したのだった。

太田家の盛衰を物語る一本の奉納碑は、いまでは由来の説明もなく一宮市立西尾歴史博物館の庭の片隅に建っている。

花子像、美術学校に寄贈

大正十三（一九二四）年十月二十八日、花子は、ふたつの花子像をもって上京し、東京美術学校（現東京藝術大学）校長正木直彦と面談した。つきそったのは、岐阜の実業家で前県会副議長だった澤田文治郎と、岐阜県選出の前代議士・岐阜日日新聞社の社長匹田鋭吉《ひきたえいきち》である。

ロダンの作品は、フランスでは国宝扱いをうけている。花子の面像《マスク》もまた、かけがえのない宝物だった。もし家が火事にでも遭《あ》ったら困る。

花子の相談をうけたのは、澤田文治郎である。「新駒」の常連でもあった文治郎は、じつは澤田助太郎の父である。正妻とのあいだに子宝に恵まれなかった文治郎は、花子の次妹はなの娘の腹を借りて二児を得ることになる。その長男が助太郎であった。

〈妾《わたし》が之をもつてゐても宝の持ち腐れも同じですから、何とか確な保存の方法はないものかと思ひまして〉（大正十三年十月二十八日付『萬朝報《よろずちょうほう》』）

と、文治郎に相談をもちかけたのである。文治郎は、自ら支援してきた政友会の前代議士匹田鋭吉に相談した。ここに、まさかの偶然が重なった。

大正十(一九二一)年夏、匹田は、欧米視察議員団の一員としてロンドンを訪れた。大使館員に案内された「湖月」で食事をし、花子の噂を聞いた。花子にとっては滞欧生活最後の夏である。

「なにぃ、あのマダム・ハナコは、岐阜の生まれだったのか!」

ここで少々の〝早とちり〟が生じたようだが、匹田は、大いに乗り気になった。

正木校長につないだのは、岐阜で遭難した板垣退助の銅像をつくった彫刻家畑正吉である。東京美術学校教授から東京高等工芸学校(現千葉大学)の創立によって同校に転任した畑は、のちに文化勲章をデザインした彫刻家として知られている。畑の仲介によって実現したのが、東京美術学校への寄贈である。

もともとジャーナリストだった匹田は、『萬朝報』に情報を流し、記者が岐阜の自宅から投宿先の神田「昌平館」まで同行取材する騒ぎとなった。正木直彦の当日の日記には、〈「之を観るに何《いず》れも興味あるものなり。技術家の参考となるものなり。依て之を学校に保管することとしたり」〉(『資延版』所収)とある。

正木は、帝国大学法科大学をでた文部官僚である。

大正13（1924）年に『萬朝報』が撮影した、
「新駒」の離れの居間でくつろぐ花子。
（岐阜県図書館蔵）

大正十四（一九二五）年一月六日、四田が社長をつとめる『岐阜日日新聞』が「貴重な美術品としての　ロダンのモデルとなつた　岐阜生れの　お花さんの話」を、五回にわたって連載。その一ヶ月後となる二月十一日の紀元節に、澤田助太郎が誕生するのである。

高村光太郎の訪問

帰国から四年が経った昭和二（一九二七）年二月の六日か七日、雪が降った翌日である。

和服に外套《がいとう》、袴《はかま》すがたの「どことなく品格のある」男が朴歯《ほおば》の高下駄を履いてやってきた。

高村は名を名乗ったであろうが、花子は無頓着に、

「まあまあ、こんな寒ぃなかを来てちょーでぁーてなも。どうぞ、どうぞ」

と、その男をコタツに招じ入れた。

客人は、ロダンの彫刻を拝見したいという。それが美術学校に寄贈して手許にないのを知り、落胆の色を浮かべてロダンとのエピソードを質問した。

客人が帰ってしばらくして、近所の「いろは牛肉店」から肉と乳製品のセットが届けられた。

「謹呈　太田花子様」と添え書きした名刺が貼ってあった。「高村光太郎」——。

「へぇー、高村というおひとだったきゃあなも」

といった具合で、光太郎の名前もとんと花子の胸には響かなかった。

夜になって、勤めから帰った太田英雄が名刺を見た。英雄は、花子の次弟角次郎の長男だが、廃嫡《はいちゃく》の手続きをして花子の継養子に入った太田家の嫡流である。

「ええっ⁉　義母《かあ》さん……。このひとすげぇーひとだぜーも」

岐阜中学をでて銀行につとめていた英雄は、同人誌『白樺』にホイットマンの訳詩や「ロダンの言葉」を翻訳する芸術家として、光太郎の名を知っていた。

「へぇーっ。そんな偉りゃあおひとだったきゃあ。ほんじゃまあ、礼状でも書いとこか」

と、花子は、光太郎宛に一筆したためた。光太郎から、毛筆書きの返礼が届いた。

〈拝啓　二三日旅中に日を費して帰宅いたし候処　御叮寧《ごていねい》な御手がみに接し感動いたし候

過日は小生等美術にたづさはる者の常とて思ひ立つては矢も楯もたまらず無謀にも突然御静居を驚かし甚だ失礼いたし候　ぶしつけなる小生の御願をも御厭《いと》ひ無くいろいろその御話を拝聴いたす事を得てまことにうれしく存じ上げ候〉（澤田『ロダンと花子』所収）

昭和二（一九二七）年二月十日の日付になっている。

高村光太郎は、通り一遍の来訪者ではなかった。

東京美術学校で日本画、彫刻、西洋画を学んだ彼は、明治三十九（一九〇六）年二月に渡米。

翌年六月にロンドンにわたり、ロダンの弟子になっていた荻原守衛《おぎわらもりえ》に巡り遭った。荻原から

拝啓 二三吾様

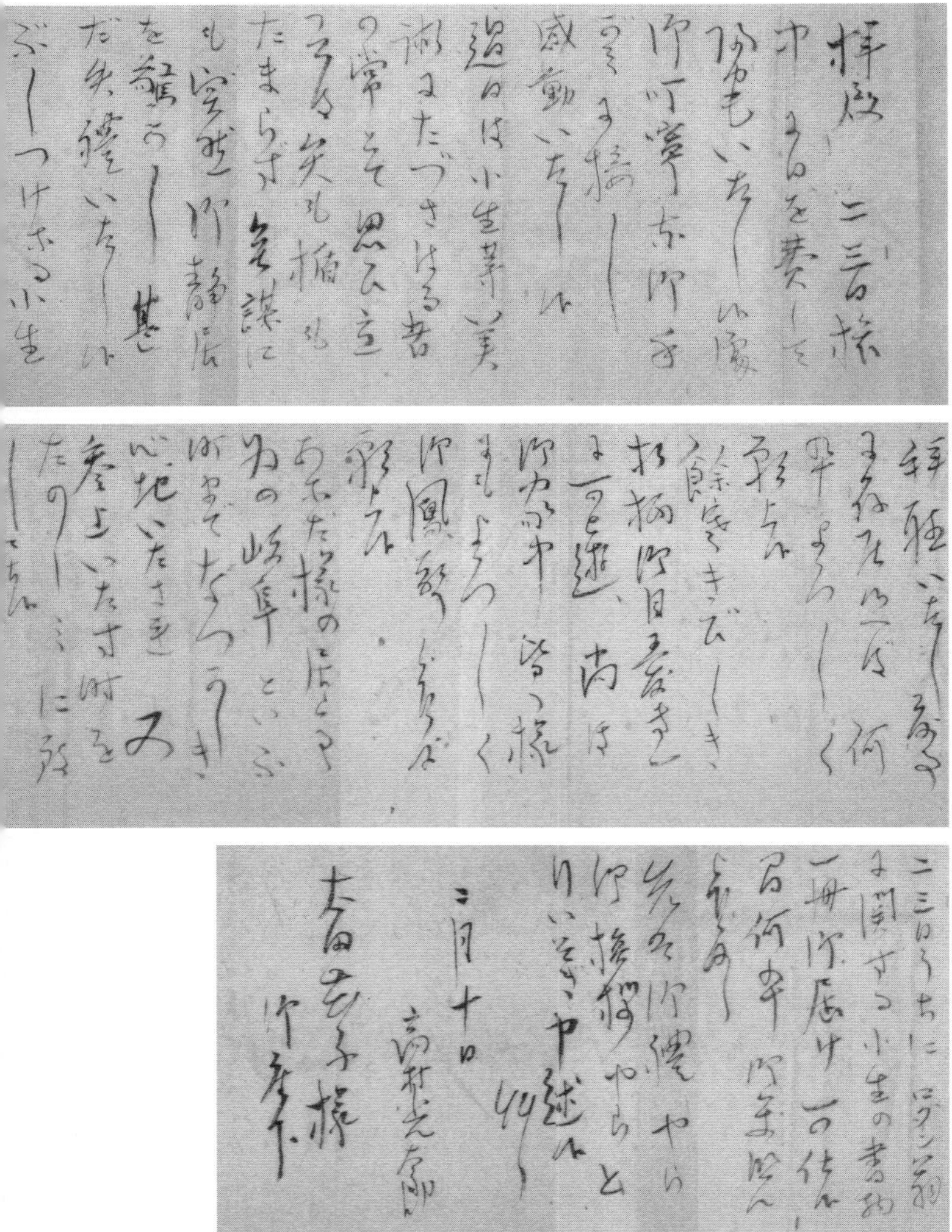

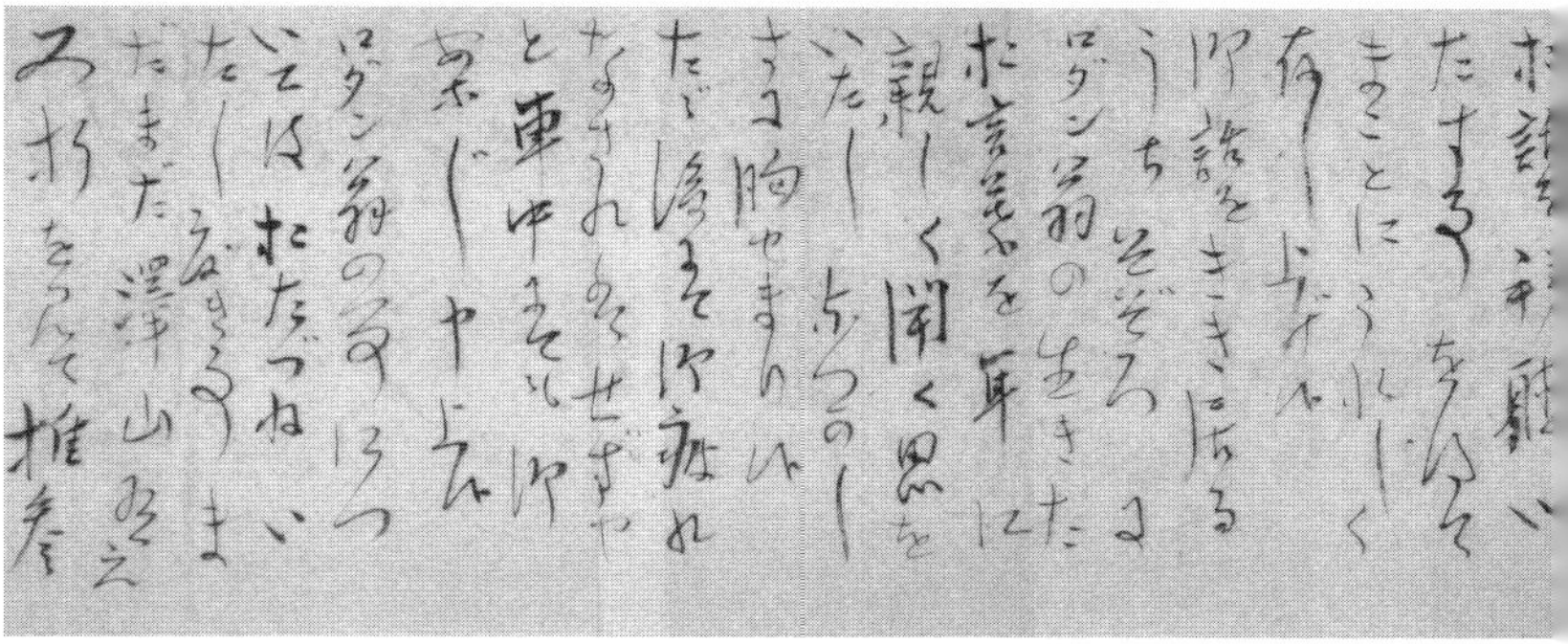

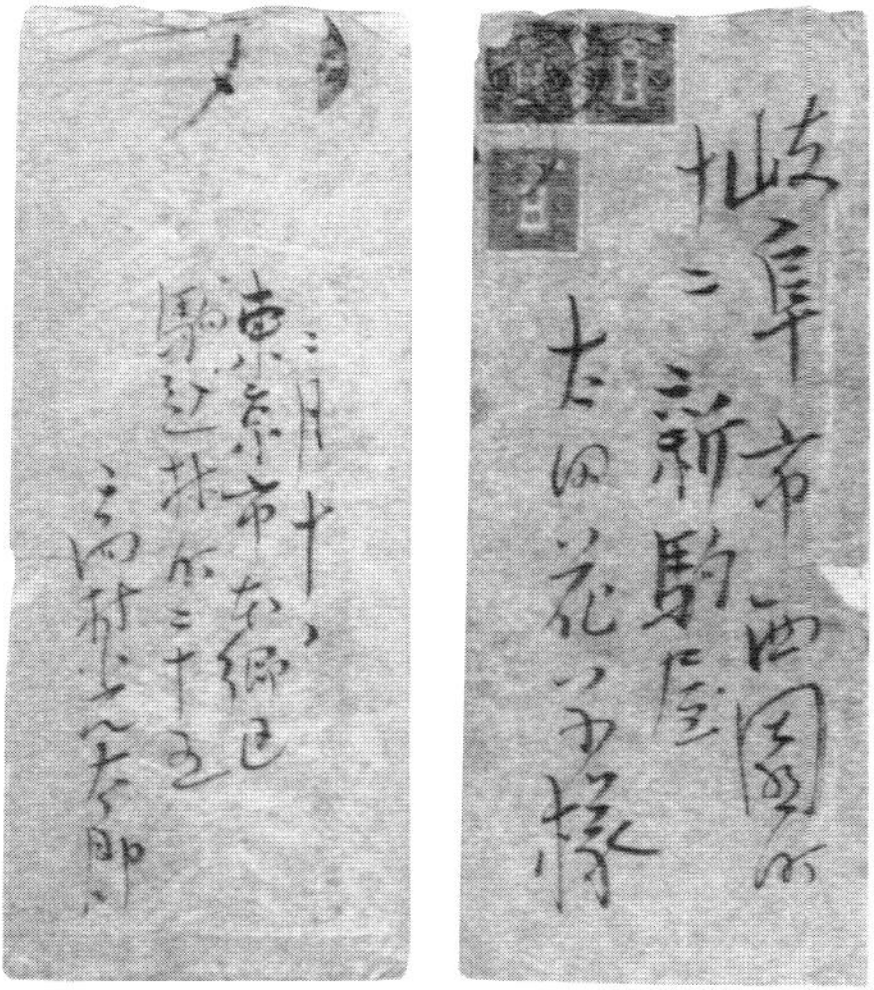

高村光太郎の花子宛の手紙。
（ぎふ「ロダン＆花子」の会蔵）

ロダンの話を聞いた光太郎は、矢も楯もたまらず、翌年の春、パリに移動した。

ロダン邸を訪れた光太郎は、門を敲《たた》く勇気がなかった。ロダンの「死の首」が完成し、花子はヨーロッパの公演が大成功していた、あの明治四十一（一九〇八）年のことである。

ヨーロッパにおける花子の活躍を知った光太郎は、明治四十二（一九〇九）年七月に帰国。翌年、『三田文学』に『花子』を発表した森鷗外に、光太郎は「よく花子のことをご存じでしたね」と訊いたところ、「うん」と応えたという。

親子ほどの年齢差のある光太郎は、彫刻界の大御所の父高村光雲を通じて鷗外とは昵懇の仲であり、親しくしていた。

人生の師と仰ぎ、ロダンの言葉をかみしめながら翻訳してきた光太郎にとって花子は、どうしても会っておきたかった人物だったのである。さいわい「ロダンの彫刻をもっているから見てくるがいい」と勧めたのが、神代種亮である。光太郎は鷗外と花子の面談計画にも一枚噛んでいたが、突然、おもいたって訪れたのである。

光太郎が訪ねたとき、花子像は花子の手許にはなかった。しかし、

〈私は以前ロダンの花子のデッサンを見て感動した。両手で前を押へて遠慮がちに立つてゐる其のからだは、僅か二三の線で描かれてゐるが私の心を打つた。（中略）　花子は私にとつてもなつかしい人のやうな気がした〉（高村光太郎「小さい花子《プチトアナコ》」『ロダン』）

この花子訪問記は、ロダンと花子の親密なエピソードを充分に伝えているが、花子像が見られなかった光太郎のもの足りなさが垣間見えてくる。

光太郎が訪ねた年の八月末、マンガ家和田邦坊が東京からやってきた。

『東京日日新聞』の「東海道漫画の旅」と題した連載企画で、自動車で京都へむかう途中をルポしてまわるのである。名古屋城、犬山城、長良川の鵜飼などに招かれ、さんざん聞かされるお国自慢に辟易《へきえき》していた彼は、花子のまえで急に水をえた魚になった。

〈ロダンのモデルになつたといふお婆アさんに会ふ。お婆アさんでも名は花子さん、二十二年前マルセイユの劇場で甚五郎の人形に扮してゐたのをロダンさんに見染められたのだといふ。ロンドンの博物館に『空想にふける女』上野の美校へ預けてある『倒れる女の顔』など、かの女のモデルである〉（和田邦坊編著『退屈世界』中央美術社、昭和四年）

「ロダンさんは、そんなのばっかこさえるのが好きでな、行儀のええのは一つもにぁあで」

と、花子が応えると、邦坊は、

「ロダンさんの前だとおもって、ひとつ空想に耽るところを見せてくれませんか」と。

「二十年前《ぜん》の空想と今の空想と空想が違いますわな。近ごろの世知辛《せちがら》い空想など見せとうもないわな」と、マンガ家の不躾《ぶしつけ》な注文を断る花子。

「それじゃあ、倒れかかる女を見せてくれませんか」と、邦坊。

「剣劇の立ち回りで倒れるにゃあ、相手がいります」

「それじゃあ、私がこうやったら」と、エンピツを刀に見立ててふりあげると、

〈お婆アさん心持ち身体を傾けて『ホホー無茶なお方やな。』〉（『同』）

無遠慮なマンガ家をもてあます花子の姿が目に浮かぶようだが、やはり作品が手許にあれば、こんなアホなやりとりにはならなかったのに、と悔いたのかもしれない。

千客万来

高村光太郎が訪問した翌昭和三（一九二八）年九月、花子は、美術学校から二つの花子像をとり戻した。

おそらく光太郎が、「美術学校に置いては、死蔵されてしまう」とでも助言したのではないかと想像するのだが、事実、花子に面会を求めるひとは、みな花子像が実見できると期待してくるのである。病の床に伏した花子は、〝二つの像を枕元に置いて死にたい〟という理由をつけて取り戻した。この逸話は、花子自身が郷土研究雑誌『ひだびと』（昭和十四年十月号）にくわしく語っている。

大勢の芸術家や新聞記者が花子を訪れた。「女優マダム・ハナコ」の活躍などはどうでも良

かった、といえば語弊もあろうが、主役はやはり「花子像」である。

昭和十五(一九四〇)年十二月、花子が『朝日新聞』の全国版に登場した。「巨匠ロダンと〝小さな花子〟 作品を守るモデルの思出話」と打った三段の見出しにあるように、ここでも「ロダンと花子」である。

先月十二日がロダンの生誕百周年だった。芸術の都パリでは、百年祭が行われた。それに関連して『朝日新聞』は、花子のインタビュー記事を掲載したのである。

〈今年七十三歳の嫗《おうな》となつた往年の花子さんは数年前から病と闘ひ乍《なが》ら世界的名作を守る生活を送つてゐる〝母は七十四歳で亡くなつたから私ももう一年で死にますよ、それまでに何とかこの名作だけは…ロダンさんの記念だから今まで大切に持つて来たけれど…シッカリした所へ納めておいて貰ひたいのですが〟長良川のほとりの花街でしみじみ語る心境だ〝芸者屋にこんなものがあるのはをかしいネ〟とも〝判らない人には汚いものですョ〟とも述懐する嫗である〉(十二月七日付『朝日新聞』朝刊)

花子は、名作二点を持てあましていた。パリの百年祭に参加した洋画家猪熊弦一郎も、ロダン美術館で花子像をみて感激し、岐阜を訪ねたひとりであった。

猪熊は、こんなコメントを寄せている。

〈「ありの儘《まま》の巨匠の話を聞いて、翁の姿を映画でも見て来た私には特に感銘が深かつた、あの名作を手離すとのことですが、不朽の作品故何んとか安全な所へ永久に納めたいものです」〉(『同』)

この売却話は、昨日今日にはじまったわけではなかった。

『ロダンと花子』を書いた資延勲は、フランスを取材中、『ロイユ・ドゥ・パリ紙』(一九三四年一月六日付)に「身辺の整理・辛い別れ」という見出しを発見。それによれば、花子が二つの花子像を競売にかけた、という。それは、昭和八(一九三三)年十一月二十一日付『大阪毎日新聞』の記事「ロダンお花の嘆き・岐阜」を翻訳・転載したものだった。

花子は、桐の箱に納めた二つの花子像を記者の前にとりだして、

〈「なぜ売る気に? いいえサ、私も寄る年波と病気でしよ、いつなん時だかしれやしません、ロダン先生にはそれやアいふにいへない御恩になりました、一生、決して此《この》二品だけは手放したくなかつたんですけど…考へました、私がなくなつた後こんな商売をしてゐる妹や養子には、残しておいても実際、役に立つものぢやなし、それよりもロダン先生と、あの方の芸術と、此お花を分つて下さる立派なお方にお譲りした方がいいとま、考へついた訳なんです」〉(明治大正昭和新聞研究会『新聞集成 昭和編年史 八年』昭和五十四年再版所収)

来年は、ロダン死して十七年、日本流にいえば十七回忌である。四、五年まえから心臓と脳を患い、何度も死にかけたという花子は、金色に輝く仏壇を見やるのである。

美術商の話では、好景気のころは三万円の声もあったが、この不況下ではそれどころではないという。資延が見た『ロイユ・ドゥ・パリ紙』には、「それ以上の価値がある」と解説してあったが、このときの売却交渉は、成立していない。さらに昭和十三（一九三八）年春にも競売にかけて美術商が入れ替わり立ち替わり出入りしたが、ほどよい相手が見つからなかった。

理解者、ついに現わる

彫刻家・医学博士赤塚秀雄が花子を訪ねたのは、ロダン生誕百周年の翌年となる昭和十六（一九四一）年四月十四日だった。

赤塚には、「昭和十六年七月六日支那事変四周年記念日前日　後日の参考のために記す」と付記した随筆「ロダン作『死の顔』と『空想する女』に就いて」（『画論』昭和十七年二月号、『資延版』所収。以下「赤塚メモ」とする）がある。それによれば、

〈ある知人から奨められて突然花子さんを長良川の清流のほとりに同行三人で訪ねたのは去る五月十八日の事である〉

と、初訪問を「四月十四日」から「五月十八日」に変更している。約一ヶ月あまりの時間差は、いったい何を意味しているのか。

東京帝大医科大学に学びながら彫刻家斎藤素厳《そがん》に入門した赤塚は、二科会に加わり、かつてロダンの助手だった彫刻家藤川勇造と親しくした。

藤川がロダンの工房に出入りしたのは、大正元（一九一二）年から足掛け五年。つまり花子がモスクワ芸術座に招かれるころから、日本へ一時帰国するまでのあいだである。

帰国した藤川は、二科会に所属して彫刻部の審査員になった。藤川の薫陶をうけた赤塚秀雄は、昭和十（一九三五）年に藤川が他界すると、その後継審査員にえらばれた。

そんな赤塚が岐阜にやってきたのである。四十四歳、開業医でもある。

ふたつの花子像は、「考える人」のあとの、ロダン最晩年の円熟期の作と知る。

〈瞳孔は随分深く抉《えぐ》つてあつて異様な光を出すために繊細な技巧を施してある何百回となく作りかへた苦心の焦点であることがうなづかれる。私は今迄こんな瞳を持つた彫刻を見たことがない。只日本の能面のあるものには似通った点がある。

ロダンの作品は眼がよく生きてゐて瞳孔の色さへ感ぜしめられるものが多いがこの眼には確に日本人の黒い瞳が生きてゐる。

細部に至るまでよく行届いてゐて一気呵成《いっきかせい》に土を捻《ひね》つたといふ所は微塵もなく念を入れて楽んで作つたものであることがわかる。

実物の花子さんと「死の顔」とを対照して見るとロダンの写実力の強靭さに恐ろしくなる〉

昭和9（1934）年7月23日、日本に持ち帰った2つの花子像と花子66歳。
（「特別展花子とロダン」展図録（一宮市尾西歴史民俗資料館）より）

（「赤塚メモ」）

絶賛はしたものの、赤塚にとっては、高嶺の花だった。とても噂に聞く三万円という金の工面は、つきそうになかった。しかし、気になった。

〈年老いた病躯の花子の念願に共感した赤塚氏は、休診日を待って再び岐阜を訪ねる。日々に思いを募らせた彼は、家財道具まで売り払ったものの一万三千円（一万七千円とも言われる）しか調えられなかった〉（『資延版』）

資延は、約一ヶ月の時間差を、赤塚の金策の期間と想定している。

〈水嵩《みずかさ》を増した長良川の清流が初夏の日光を眩しく反射する料亭の座敷に年齢に似合ず潑溂として花子さんと五時間程対座して二つの作品を側にいろいろの話をした〉（「赤塚メモ」）

これが昭和十六（一九四一）年五月十八日のことである。赤塚は、ふたりの友人を帯同して「二点の作品の因縁を篤《とく》と探りたかった」と書いたが、「購入した」とは記していない。これが「赤塚メモ」の秘密を解くカギとなる。

昭和二十（一九四五）年四月二日、花子は、七十七年の生涯を閉じる。そして同年七月九日、岐阜を襲った大空襲によって思い出の品々は、きれいさっぱり焼失してしまった。

その後の花子像

花子探索の「奥の細道」も、そろそろ終わりにちかづいてきたようだ。

ここで忘れてならないのは、花子のライバル貞奴である。

貞奴は、音二郎亡きあと電力王福沢桃助の愛人となって名古屋に住み、昭和八（一九三三）年には岐阜県各務原市鵜沼に私財を投じて貞照寺を建立した。その菩提寺の本堂には、弘法大師縁起絵巻さながらの絵物語を幾枚ものケヤキの浮き彫りにして外壁をかざってある。そして昭和二十一（一九四六）年十二月七日、熱海の別荘で華麗な七十六年の生涯を閉じ、数々の遺品を貞照寺の「貞奴縁起館」に残した。

花子は逆に、隠居所を離れることなく死して、遺品のほとんどを失った。ライバルのふたりが、おなじ岐阜県に葬られたこともなにかの縁であろう。深いナゾを多く残して逝った花子はしかし、もうひとつ、どんでん返しを仕掛けておいてくれた。

昭和二十四（一九四九）年春、月刊誌『女性線』（三月号）に、美術評論家三輪鄰《ちかし》が「ロダンと花子」を発表した。書きだしは、こんな具合である。

〈近代最大の彫刻家——オーギュスト・ロダンの名を知らない者はないであろうが、そのロダンが一人の日本女性に異常の関心を寄せ、彼女をモデルにしていくつかの作品をつくったことは、今では殆んど忘れられているのではなかろうか〉

三輪は、戦後に台頭した女性解放の旗手として花子を紹介しているが、資料としたのは、「赤塚メモ」である。三輪と赤塚の接点は、美術界にあった。そして「今年まだ健在ならば八十二才《ママ》」と書いているところを見ると、花子の遺族を訪ねたわけではない。

そんなある日、ちょうど花子の五回忌の法要を営む家族だけの席で、

「あの彫刻は、どこへやったのだろうか」と、話題になった。

正子の母かな子が、隠居所を整理したときにはすでになかった。

「東京の知り合いに預けたようにおもうが……」

「だれだやぁ、そのひとは……」

「さぁ」と、家族のだれもが要領をえなかった。

「花子は、彫刻をどこへどうやったか、家族には言わなかったんです」（澤田助太郎談）

これが昭和二十五（一九五〇）年四月二日のことである。

〈この話を聞きつけた新聞は、「東京の知人宅に預けたまま死去したので、それ以来行方不明になっていて親戚や美術愛好家は血眼で探している」という大袈裟な写真入りの記事を掲載した〉（『資延版』）

それから十日ほどして赤塚秀雄が名乗りをあげて、二つの花子像を花子から譲り受けたことが公《おおやけ》になった。

昭和二十六（一九五一）年、慶応義塾女子高等学校校長中村精は、月刊『日曜日』（十二月号、雄鶏社）に、これまた「ロダンと花子」と題した随筆を発表。この中村がドナルド・キーンの『週刊新潮』「掲示板」に応えて、同誌掲載の随筆を送るのだが、

〈鷗外に『花子』という短編がある。これは日本女優の花子を、ロダンに紹介するため、久保田という青年が通訳となって、アトリエに連れて行く場面を書いたものである〉

と書きだし、『新日本』を下敷きに、高村光太郎の花子宛の手紙を引用。

〈その葬式の翌日から岐阜市ではガソリン節約のために霊柩車の使用を禁止し、リヤカーで運ぶことになった。花子は一日ちがいでようやく最後の霊柩車に間にあった〉

と近況を報告。中村精は、家族に面談して戦後最初の筆録を残したのである。

さらには翻訳家の羽生《はぶ》操が「ロダンのモデル」（月刊『文芸』昭和二十九年二月号）を書いている。細々とだが、花子の報道がつづいていたときに、ドナルド・キーンが鷗外の『花子』を翻訳して、「奥の細道」に多くの同行者を勧誘したのであった。

それとはべつに、「花子像」をめぐる物語がはじまっていた。

赤塚秀雄のもとにボストン美術館の館長が現れたのは、昭和五十（一九七五）年ごろであった。

このとき赤塚は、「花子から信頼され託された彫刻であり、海外に出せない」と断り、流出を免れた。

そのころ、当時ロダンが鋳造した何点もの花子像のうち、べつのタイプの花子像を購入して〝里帰り〟させた男がいた。『ロダンと花子』の著者、資延勲である。昼間の顔は、気象庁の技官。気象衛星ひまわりの通信画像を解析する専門家。もう一方の顔は、みずから絵を描く美術品のコレクターだった。

昭和五十六（一九八一）年、たまたま東京池袋の東武百貨店が開いたロダン展に、ブロンズの「死の顔」が出品された。これをみた資延は、金融機関からお金を借りて購入した。

「日本に留め置いて里帰りさせる。そんな気持だったんです」（資延勲談）

花子像のコレクターになった資延は、花子についてなにも知らなかった。

ところが昭和五十九（一九八四）年、澤田助太郎が英語版『リトル・ハナコ』を出版したという新聞報道に触発された資延は、澤田に連絡をとり、花子探索の「奥の細道」の同行人《どうぎょうにん》となってフランスにまで行脚《あんぎゃ》。そして、『ロダンと花子』を自費出版したのである。

昭和六十三（一九八八）年、赤塚秀雄が他界。そして平成五（一九九三）年、二つの花子像は赤塚家の遺族が新潟市美術館に売却と報じられた。岐阜の人々は、

「私たちは、悔しいおもいでした」（「ぎふ『ロダン&花子』の会」事務局清水玲子談）

花子の遺志を尊重し、2つの花子像を保存していた赤塚秀雄。
(ぎふ「ロダン&花子」の会蔵)

岐阜市内に花子を顕彰する機運がもりあがってきた。平成七（一九九五）年十月には、女実業家村瀬よ志ゑを会長に、「ぎふ『ロダン&花子』の会」が立ち上がった。それを知った資延は、「私の〝花子さん〟を、ほんとうの意味でお里帰りさせましょう」と、十四年間手許に置いた花子像「死の顔」を惜しげもなく「ぎふ『ロダン&花子』の会」に寄贈。それが口火となって会員有志によるロダン美術館への表敬訪問となる。

翌年十月、岐阜市が主催して「ロダン&花子 国際フォーラム」を開催。前ロダン美術館館長モニック・ローランを招いて講演と交歓会を催す。このあと、花子と赤塚が仕掛けたどんでん返しのサプライズを見るのである。

平成十（一九九八）年八月八日、資延は、「花子の会」の事務局清水玲子ら十数名の会員に同行して新潟市美術館を訪れた。

「やぁ、お久しぶり」といった気分で花子の「死の顔・花子」に対面した資延は、白い手袋をはめてテラコッタの像を抱えた。

「おやっ」とおもったが、同美術館の学芸員にはいわなかった。

このテラコッタはオリジナルだが、どうやら、石膏のレプリカを作ったらしい。テラコッタの裏側に、石膏の型どりをする薬液の手触りがあった。

資延勲が寄贈したオーギュスト・ロダン「死の顔」ブロンズ
（岐阜市蔵）

おもえば「花子像」は、二度、花子の手を離れている。一度目が東京美術学校、つぎが赤塚秀雄である。その間になにがあったのか。

澤田助太郎は、「花子は家族には言わなかった」という。「赤塚メモ」には、「作品を前にいろいろの話をした」としか書いていない。真相は語られず、ここで花子像は赤塚の手に渡り、世間の目から遁れたのである。

「死の顔」はテラコッタだが、「空想に耽る女」は、ブロンズである。家庭にある金属がすべて供出させられた時代であれば、美術品といえども例外ではなかった。

いったい何があったのか。赤塚秀雄の遺族をさがした資延は、半年後に捜しあてた。

昭和十六（一九四一）年五月十八日の長良川畔の料亭での会談には、同席者がふたりいた。「赤塚メモ」にその名は明かされなかったが、赤塚家には、花子の礼状が残っていた。

〈「伊藤、鈴木の両氏にも一方ならぬお骨折りに預かり」五月二十五日付〉（『資延版』所収）

「伊藤」なる人物は、赤塚の遺族が資延に「伊藤鋳造所に頼んだ」と語っているところから、当時、国宝級の仏像の鋳造修復を手がけていた伊藤保斎《ほさい》であろう。また「鈴木」は、洋画家鈴木信太郎であろうか。それを証明するためには、もうひとりの人物、赤塚に面会を「奨めた友人」を登場させなければならない。

昭和十一（一九三六）年のころから何回か花子を訪ねていた地元大垣市出身の彫刻家中村輝《てる》で

ある。中村は、こう語っている。

〈最後に花子を訪ねた時、私の耳元に口を寄せて小声で作品を手放さなければならないことを告げ、（以下略）〉（『岐阜日日新聞』昭和五十五年五月四日付「ロダンとお花のこと」）

ふたりは、売買交渉のなりゆきを漏らすほどの親密な関係だった。

鈴木と中村、そして赤塚は、二科会の仲間である。戦後、鈴木が二科会を辞めて野間仁根《ひとね》らと一陽会を立ち上げたとき、中村輝は鈴木と行動をともにしている。

つまり赤塚は、中村に奨められて花子に会い、購入する段階で鈴木信太郎が立ち会って、花子と相談して石膏のレプリカをつくる許しを得た。万が一に備えたのである。そしてオリジナルを銀行の保管庫にあずけ、レプリカを家の庭に埋めた――。

「赤塚メモ」の秘密は、この隠匿《いんとく》作戦の一環だったのである。

それがなんと、両方とも戦禍《せんか》をまぬかれた。オリジナルは新潟に売却されたが、レプリカが赤塚家に残っていたのだ。それを遺族が「ぎふ『ロダン&花子』の会」にサプライズ・プレゼントして里帰りさせれば、さらに市民が寄金を募って、もうひとつロダンの胸像「空想に耽る女」を購入。町興しの目玉にするのである。

期せずして花子探索の旅は、日露戦争から第一次欧州戦争にいたる歴史の一端を垣間見せ、さらには国内の芸術家たちの消息・人間関係までも浮き彫りにしてくれたのであった。

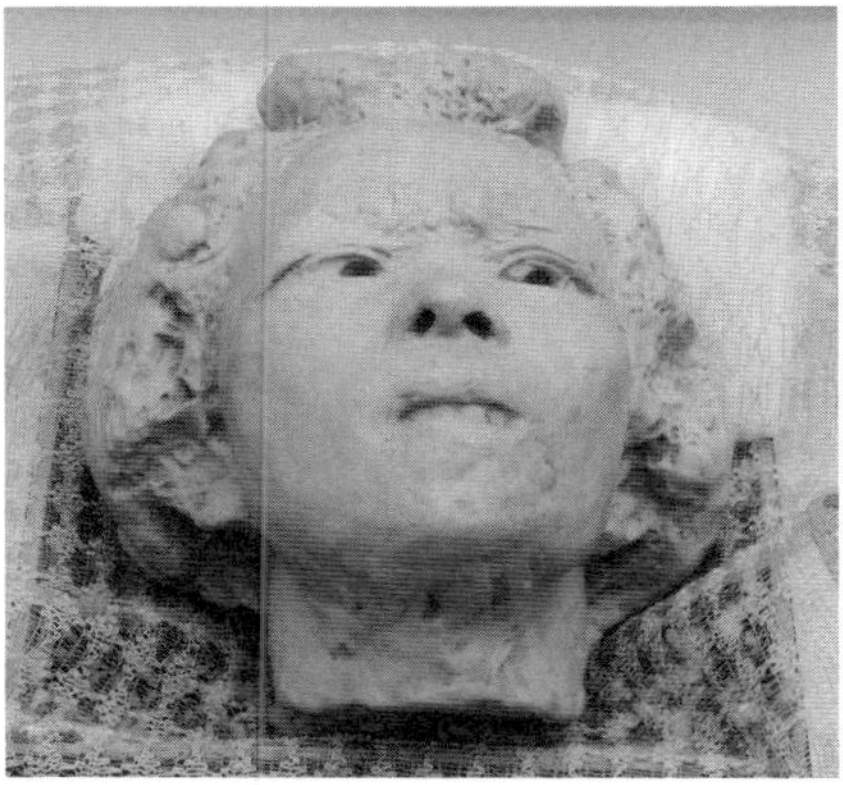

オーギュスト・ロダン「死の顔」の石膏レプリカ
（ぎふ「ロダン＆花子」の会蔵）

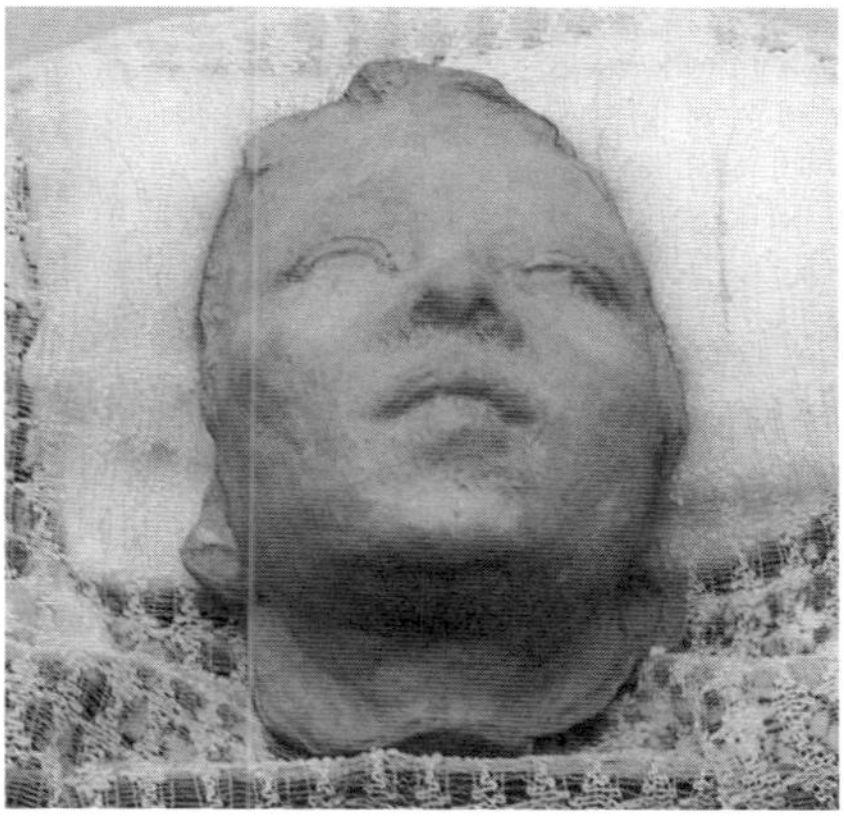

オーギュスト・ロダン「空想に耽る女」の石膏レプリカ
（ぎふ「ロダン＆花子」の会蔵）

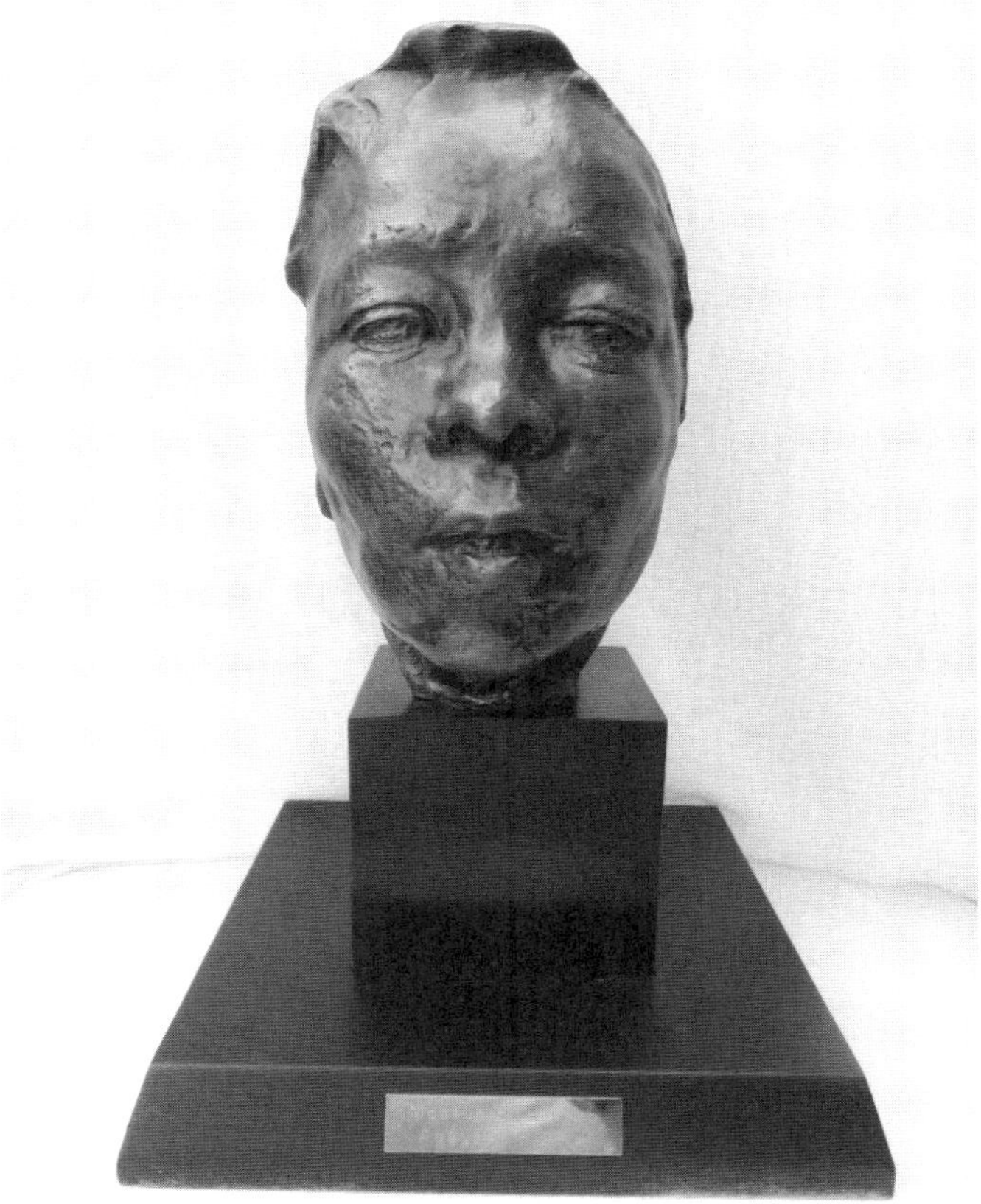

岐阜市が購入したオーギュスト・ロダン「空想に耽る女」ブロンズ
（公益財団法人岐阜市国際交流協会蔵）

平成十六（二〇〇四）年五月、記念碑が菩提寺の浄土寺に建立され、花子は安住の地をえた。

老婦人の買い物

大勢の研究家を「奥の細道」に誘った花子は、いまもパリに生きている——。

平成二十四（二〇一二）年九月、二年に一度の第二十六回パリ骨董《こっとう》展が開催された。

地下鉄のホームや街角の広告塔に貼られた気球をあしらったポスターが賑々しかった。会場は、一九〇〇（明治三十三）年のパリ万博のおりに、メイン会場として建てられたセーヌ川ぞいのグラン・パレである。セーヌにかけられたアレクサンドル橋を渡ったところが、川上音二郎一座が出演したロイ・フラー劇場のあった場所である。

ひと通り取材を終えたわたしは、「なにごとだろうか？」と、その大宮殿の切符売り場にできた長蛇の列におどろいた。これが骨董展だとは認識していなかったのだ。野次馬となったわたしは、最後尾にならんだ。切符を買うまでに三十分ほどかかった。

ギリシャのパルテノンをおもわせる石づくりの入口を入ると、六階建てほどの高さのあるドーム型のガラス天井のロビーが大展示場になっていた。天井から三色旗をあしらった巨大な気球がぶらさがったあたりを中心に、世界的に有名な美術商が出品するパビリオンが軒をつらねている。大理石の階段を登った二階にもパビリオンがあり、有名なレストランではコーヒーのほか本格的な肉料理を楽しむことができる。

一階のパビリオンのひとつ、「ギャルリーためなが」のブースに花子のブロンズ像が飾ってあった。オリジナルから型をとったレプリカである。大人の背丈ほどの黒い台に載せられていた。

その花子像に、フランスの老婦人が魅入られていた。そしてパビリオンを一巡して戻ってみると、老婦人は相変わらず花子像のまえに釘付けになっていた。ちらっとわたしを一瞥した彼女は、

「不思議な魅力があるとおもいません？」と、同意をもとめてきた。

「百年ほどまえに、ヨーロッパで大活躍していたハナコという女優ですよ」

と答えたわたしは、彼女の逡巡《しゅんじゅん》がわかる気がした。永遠に生きられるわけもない人生の最晩年に、手許に置くだけの価値があるのかどうか、迷っていたのである。

数日後、花子像を出品していたオペラ座ちかくの「ギャルリーためなが」を訪ねたわたしは、その老婦人が買って帰ったことを知った。八百万円前後の買い物である。

彼女もまた、「奥の細道」の旅人に加わるのであろうか。ロダンの作品となった花子の、新たな旅立ちを予感させるのである。

おわり

マダム・ハナコ関係略年譜

この略年譜は平成十七年九月、「ぎふ『ロダン&花子』の会」の元事務局長清水玲子氏が、澤田助太郎著『ロダンと花子』（中日出版社）を参考文献として作成したもの（資延勲著『ロダンと花子』所収）に加筆訂正したものである。

西暦	年齢（歳）	事項
一八四〇（天保二）年		十一月十二日、オーギュスト・ロダン生まれる。
一八六八（慶応四／明治元）年		四月十五日、ひさ、父太田八右衛門、母うめの長女として尾張国中島郡上祖父江村に生まれる。
一八七〇（明治三）年	二	ひさ、乳母とともに名古屋の出店に別居。
一八七二（明治五）年頃	四	ひさ、隣の青物商酒井粂吉の養子となる。
一八七七（明治十）年	九	ロダン《青銅時代》を発表。 この頃、養父酒井粂吉、相撲に入れ込んで破産し逐電する。 ひさ、旅芸人中村光吉一座の子役として名古屋の近在、美濃路、飛騨路、木曽川沿線などを巡業。
一八七九（明治十二）年	十一	ひさ、枇杷島の子ども芝居の一座に入る。その合間に名古屋の久屋の学校へ通う。
一八八〇（明治十三）年	十二	ロダン《考える人》を発表。 この頃、ひさ、名古屋の新地（現・大須観音東）の桝屋へ舞妓として売られる。
一八八四（明治十七）年	十六	五月、ひさ、「桝屋」の芸者福松に芸事を仕込まれ、一人前の芸者となる。
一八八八（明治二十一）年頃	二十	ひさ、某若旦那と恋に落ちるが、不義理のため知多県横須賀の狭斜《いろまち》港へ住み替える。まも

なく請負師で、二十歳年上の小泉竹次郎（仮称）に身請けされ、名古屋の近傍、浜松、静岡、清水の港などを転々。

一八九一（明治二十四）年　二十三
十月二十八日、濃尾大震災。太田八右衛門一家、名古屋への転居。

一八九五（明治二十八）年　二十七
ロダン《カレーの市民》を発表。

一八九六（明治二十九）年頃　二十八
小泉に従って大阪道頓堀北詰に家を構える。

一八九七（明治三十）年頃　二十九
小泉に従って京都に移る。

一八九八（明治三十一）年頃　三十
小泉との生活がいやになり、京都の家を飛び出し、名古屋の実家へ帰る。
小泉との別れ話を進めるうちに、仲裁役の京都小豆島《あずしま》某となさぬ仲になり、小泉と離婚する。
十一月五日、ひさ、小豆島某と協議離婚。同月十九日八右衛門へ入籍。

一九〇二（明治三十五）年　三十四
一月三十日、日英同盟調印。
五月三十一日、コペンハーゲンの動物園の見世物興行の踊り子募集を知り、出演するため横浜港を出港。
興行後、ひさはアントワープにとどまる。

一九〇四（明治三十七）年　三十六
日露開戦。
ひさ、寄せ集めの演芸団に参加してドイツのデュッセルドルフで「武士道」に出演。その後、ドイツ一円を巡業、トルコのイスタンブールまでも巡業し、好評のうちにロンドンを引き揚げる。

一九〇五（明治三十八）年　三十七
九月五日、日露講和条約調印。
明治三十八から三十九年にかけて、演芸団はイギリスの地方都市ブリストル、バーミンガム、ヨークなどを手興行で巡業するも、経済的に破綻。
この頃、吉川馨が一座に参加。ロンドンに戻って、サヴォイ劇場に出演中、ロイ・フラーに見出だされ、「花子」と名乗り、花子一座の旗揚げとなる。ロイ・フラーと契約、北欧三国からドイツ、オーストリア、ベルギー、フランスを巡業、「ハラキリ」で好評を博す。

一九〇六（明治三十九）年　三十八

四月十四日から十一月十八日まで、マルセイユで仏国植民地博覧会を開催。

六月二十二から二十九日まで、花子一座、マルセイユ「カジノ。ドゥ・ラ。プラージュ」にて興行。演目は「芸者の仇討」「ハラキリ」。

七月十日、花子一座、仏国植民地博覧会特別公演に出演、演目は喜劇「甚五郎」と悲劇「芸者の仇討」。七月十一から八月五日、一般公演となる。

七月十三日、ロダン、カンボジアの踊り子を追ってパリからマルセイユ入り。

七月十八日、ロダン、花子一座の「芸者の仇討」を観劇、心を動かされる。この日か翌十九日、ロダン、楽屋にて花子に面会、モデルを依頼。

八月六日、ロイ・フラーとの給金支払いでこじれ、花子一座解散。

九月から十一月頃、花子、パリへ移りロイ・フラーの媒酌で吉川馨と結婚。その後、日本人五人で花子再び一座結成。フラー作「ハラキリ」をパリで上演。

一九〇七（明治四十）年　三十九

一月頃、花子、フランス南部の都市を巡業。ロダンと再会、興行の合間にロダンのモデルとなる。

一九〇八（明治四十一）年頃　四十

一月八日、花子一座、アメリカ巡業。

花子一座、スイス、オーストリア、南ドイツを巡業。

一九〇九（明治四十二）年　四十一

花子一座、二度目のアメリカ巡業をするも失敗。ヨーロッパに戻ってドイツ、スイス、ブルガリアを巡業。

避暑地カールスバアデンで公演中、オーストリアのヨーゼフ皇帝が来場。演目は喜劇「おたけ」と悲劇「ハラキリ」。この頃、オーストリアでは「花子ベネチクチン」というワイン、ベルリンでは「花子」という巻煙草が発売。

スイス、ドイツ、ポーランド、ロシアなどを巡業。

一九一〇（明治四十三）年　四十二

二月十五日、夫の吉川馨がベルリンで客死。

その後、イタリア、オーストリア、ドイツ、ロシア、ベルギーなどを巡業。三度ロシアへ行き、モスクワ芸術座でスタニフスキーやチェーホフ夫人と交流、俳優学校で臨時講師として演ずる。

ロダンは、フランス国家購入注文展で、「死の顔」タイプDを初めてブロンズに鋳造し、公開。

七月、森鷗外『三田文学』七月号に短編小説『花子』を発表。

一九一一（明治四十四）年　四十三

一月、ロダンは、練りガラスの技法を持つジャン・クロを起用して「空想に耽る女」タイプEを制作。

一九一二（明治四十五）年　四十四

十二月十日、花子は、昨年完成したマスクをほしい旨の書簡をロダン宛に出す。

一九一四（大正三）年　四十六

七月、ロダンは、トゥリオンナル・サロン展で練りガラスの「花子の顔」を発表。

七月二十八日、第一次世界大戦勃発。花子は活動写真の撮影中大戦に遭遇、パリへ。そのとき偶然、渡欧中の島崎藤村に出会う。戦後も傷病兵のための慈善興行に出演。結果、花子は十八か国を巡業した。

九月一日、花子は、番頭の川村泉を連れてロンドンへ渡航中、ロダンの秘書クラデルの計らいで、ドーバー海峡を渡り、イギリスへ避難するロダン夫妻と船中で再会する。

一九一六（大正五）年　四十八

三月、ロダン重病となる。

十月、花子、芸人募集のため一時帰国。

一九一七（大正六）年　四十九

一月二十九日、ムードンでロダンとローズ・ブーレが結婚式を挙げる。

二月十四日、ローズ死去。

十一月十七日、ロダン死去。遺言によりロダンの作品は国家に寄贈される。

一九一八（大正七）年　五十

花子、ロンドンに日本料理店「湖月」開店。フランス政府に掛け合って、「空想に耽る女」を入手。

一九二一（大正十）年　五十三　十二月、花子、「死の顔」を入手。「湖月」を川村に委ね、二つのマスクを抱えて帰国。妹の経営する岐阜市西園町の芸妓置屋「新駒」へ入る。

一九二二（大正十一）年　五十四　五月から六月、H・デルスニスがフランス現代美術展を東京（五月）、大阪（六月）で開催。花子像が二点出品される。一点は練りガラスの「空想に耽る女」。日本で初めて花子像が公開となる。

一九二三（大正十二）年　五十五　六月三日、母うめ死去。ひさ（花子）が十二月に岐阜市鶯谷町の浄土寺に墓を建立。

一九二四（大正十三）年　五十六　花子、「死の顔」「空想に耽る女」の二つのマスクを東京美術学校（現・東京藝術大学）へ寄贈。

一九二七（昭和二）年　五十九　二月、高村光太郎、岐阜市西園町の「新駒」へ花子を訪ねる。

一九二八（昭和三）年　六十　九月十五日、「死の顔」「空想に耽る女」が東京美術学校より返還される。

一九四一（昭和十六）年　七十三　五月、「死の顔」「空想に耽る女」が赤塚秀雄氏の手に委ねられる。十二月、日米開戦。

一九四五（昭和二十）年　七十七　四月二日、ひさ（花子）、丹毒で死去。墓は浄土寺。七月九日、岐阜空襲で、花子が持ち帰った思い出の品々のほとんどが焼失。八月十五日、日本、ポツダム宣言受諾、敗戦。

一九七九（昭和五十四）年　「ロダンと極東」展がパリのロダン美術館で開催され、館長モニク・ローラン女史の手により、五十三点の花子像が発表される。

一九九三（平成五）年　新潟市美術館が「死の顔」「空想に耽る女」を赤塚秀雄氏の遺族より購入。

一九九五（平成七）年　十月二十一日、ぎふ「ロダン&花子」の会が発足。

二〇〇一（平成十三）年　四月二十八日から八月十九日、静岡県立美術館と愛知県美術館で「ロダンと日本」展が開催され、花子のデッサン二十五点、彫刻二十点、写真十五点が展示される。

あとがき

中日新聞の連載から数年のあいだ、筐底《きょうてい》に眠らせていた「花子」の原稿が、ようやく日の目をみることになりました。さいわいにも花子の孫にあたる澤田助太郎・正子ご夫妻が存命しておられて、わたしもやっと責任が果たせたかと安堵しております。

わたしは、郷里の人物を書こうとはおもっていませんでした。なるべく普遍的な人物を通して近代史を見つめるよう努めてきたからです。ところが二十数年前、たまたま名古屋駅地下街の書店に立ち寄り、郷土刊行物の書棚に澤田助太郎氏の著書『ロダンと花子』（中日出版社刊）を手にとり、埼玉の自宅に戻る途中を読み耽《ふけ》りました。

たいへんにおもしろい読み物でした。登場する地名もなつかしく、また「花子」の巡業先の半分ほどは旅行していたものですから、小さな女の身で、ものすごい距離を、飛行機もない時代に、縦横無尽に駆けずり回っていたエネルギーにおどろきもしました。

せっかく旧中島郡稲沢町という濃尾の豊潤な土地に生まれながら、「花子」という国際的な女優を知らずにいた己を羞《は》じました。いつか書こうと類書を捜し、論文などを渉猟しておりましたが、多忙にかまけて怠っておりました。

さて取材にとりかかろうとおもい立ちましたが、肝心の澤田氏の消息がわかりませんでした。岐阜市内の「ぎふ『ロダン＆花子』の会」にたどりつき、「岐阜市にぎわいまち公社」の連絡先を教えてもらいました。事務局の清水玲子さんに連絡をとり、やっと澤田夫妻にたどりついたのが、平成二十三（二〇一一）年六月でした。翌年九月、花子が出演していたパリのオペラ座あたりの小劇場を取材しました折に、グラン・パレの骨董展に出くわしたわけです。

そして中学・高校の同級生筒井宣政君の紹介をうけ、二年後の四月から七月に『中日新聞』（夕刊）に抄文を連載させてもらいました。同君には、心から感謝しています。

日時の経過は、ひとに知恵を授けてくれます。そのうちのひとつを紹介しておきましょう。

花子と貞奴は、ほぼ同年であり、ともに芸者から女優になりました。

一九〇〇（明治三十三）年、ひと足さきにパリに赴いた貞奴は、人気を博しまして、ロダンからモデルを申し込まれます。貞奴は「多忙」を理由に断ります。

ところが彼女は、夫音二郎とともに胸像を持ち帰っております。現物は、貞照寺の縁起館にありますが、作者は、ロダンよりも十九歳若いレオポルド・ベルンスタンです。作風から判断しますと、アカデミー所属でしょう。のちに文豪フローベルの全身像（一九〇七年作）を制作しています。

いっぽうロダンは、文豪バルザックの全身像（一八九八年作）を制作しましたが、発注主の文芸家協会から納入を断られます。ロダンは、反アカデミズムの彫刻家でした。

駐仏日本大使の肝いりで興行していた川上音二郎は、日本人で初めて文芸家協会の正会員に推挙されました。立場の違いから、貞奴はロダンの申し入れを受けなかった、と憶測しながら花子と貞奴の遺品を眺めるのも悪くはありません。

なお、本著の原題は、「幻の女優　マダム・ハナコを捜せ！」でした。驚くほど大勢のファンや研究者がハナコの業績を追跡しておられたからです。それによって、ヨーロッパにおける日本の芸術家や新聞記者などの動きもあぶり出されました。また枝葉のエピソードとして、ロダン美術館設立の経緯など、「その後のハナコ」を通じて知ることになりました。

ハナコから料亭「湖月」を譲られた番頭の川村泉は、その後、恋仲になった武林無想庵の妻文子に勧められてパリに「湖月」を開店します。日本人サロンの女王となった文子は、さんざん男遊びをしたあげくに「湖月」を食いつぶし、川村の拳銃によって顔面を撃たれます。彼女は一命をとりとめましたが、殺人未遂で逮捕された川村は、日本へ強制送還されます。そして無想庵と離婚した文子は、あらたに知り合ったベルギー在住の日本人貿易商と結婚するというドラマが待ち受けていたのでした。

本著を編集して下さった求龍堂の深谷路子さんは、二十年ほどまえに産経新聞文化部編集委員だった宝田茂樹氏の昼食会でご一緒しただけでした。それが今回、新聞連載を終えて加筆していた際に、昔の名刺入れから忽然《こつぜん》と深谷さんの名刺が現れたのです。あれこれ出版先を思案していた矢先のことです。美術の出版社として歴史ある求龍堂にハナコのテーマが似つかわしいかどうか迷いましたが、ロダンとも縁があるからと相談してみました。出版決定までには紆余曲折がありましたが、好意的に受け容れて下さいました。縁とは、まことに奇なものです。一期一会も、おろそかにできません。

これでなんとか、わたしの〝ハナコ捜し〟に終止符がうてそうです。折しも、ハナコの生誕百五十周年の節目にあたります。ハナコをもう一度、思い出していただく機会にでもなればと願っております。しかしその間、「ぎふ『ロダン&花子』の会」の事務局をしておられた清水玲子さんが他界され、ともに喜んでいただく方を喪《うしな》いました。ご冥福を祈ります。

今回も多くの著作・論文の恩恵をこうむりました。引用のつど出典を明記させていただき、参考文献の項をもうけませんでした。先師・先賢には、心より御礼申し上げます。

平成三十年三月

大野芳

本書は、著者が『中日新聞』（夕刊）で二〇一四年四月十四日から七月十八日まで連載した「幻の女優 マダム・ハナコ」を、再構成し加筆訂正したものです。また、適宜（ ）に小字で著者注を付けました。
文中の引用について：引用部分は〈 〉で括り、出典を明記しました。また、原文が旧字体のものは新字体にし、旧仮名はママとしました。句読点がないなど読みづらい場合は、適宜句読点および読み仮名を付けました。

（編集部）

大野芳（おおの・かおる）
一九四一年、愛知県稲沢市生まれ。明治大学法学部卒業、出版社の雑誌記者を経て、ノンフィクション作家になる。『北針』（潮出版社）で第1回潮賞ノンフィクション部門特別賞受賞。近年の主な作品に『宮中某重大事件』『近衛秀麿――日本のオーケストラをつくった男』（以上、講談社）、『戦艦大和転針ス』『山本五十六自決セリ』『伊藤博文暗殺事件――闇に葬られた真犯人』『8月17日、ソ連軍上陸す――最果ての要衝・占守島攻防記』（以上、新潮社）、『革命』（祥伝社）、『天皇の暗号――明治維新の１４０年の玉手箱』（学習研究社）、『吉田兼好とは誰だったのか――徒然草の謎』（幻冬舎新書）、『無念なり――近衛文麿の闘い』（平凡社）などがある。

ロダンを魅了《みりょう》した幻《まぼろし》の大女優《だいじょゆう》　マダム・ハナコ

発行日　二〇一八年六月九日
著者　大野《おおの》　芳《かおる》
発行者　足立欣也
発行所　株式会社求龍堂
〒一〇二-〇〇九四
東京都千代田区紀尾井町三-二三　文藝春秋新館一階
電話　〇三-三二三九-三三八一（営業）
　　　〇三-三二三九-三三八二（編集）
http://www.kyuryudo.co.jp

印刷・製本　図書印刷株式会社
デザイン　近藤正之（求龍堂）
編集　深谷路子（求龍堂）

ISBN978-4-7630-1810-6 C0021